Otto A. Böhmer
Brüder im Geiste

VERLAG KARL ALBER

Otto A. Böhmer

Brüder im Geiste

Heidegger trifft Hölderlin

Mit einem Nachwort
von Otfried Höffe

Verlag Karl Alber Freiburg/München

Otto A. Böhmer

Brothers in Spirit

Heidegger meets Hölderlin

In the present book Otto A. Böhmer tells the entertaining story of a philosopher who helped himself to a poet. Martin Heidegger, still a controversial figure here and there, defines Hölderlin as »the poet of poets«. This is not just meant as a hierarchy, but also illustrates the divinipotence of a poet who dared to advance towards freedom. What he saw there and what he received is also that which the thinker receives who had to find his own language, a less poetic language to dwell on thoughts both seem to share. The poet addresses the theme of thinking, the thinker attempts to get to the bottom of the language of the poet. Both of them labour under the mandate that must have been given to thinking itself in times immemorial, a mandate that points beyond earthly busyness. Hölderlin accepted this mandate as a poet; Heidegger performed this duty as a thinker, a thinker who left behind the manifoldness of beings in order to travel towards being itself.

The Author

Otto A. Böhmer, born in 1949, holds a PhD in Philosophy and served as an editor for several publishers from 1977 to 1986 (i. a. Suhrkamp, Insel and Brockhaus). He is the author of several successful philosophical non-fiction books and of several novels. His most recent book with Alber Verlag is the philosophical novel *Frei nach Schopenhauer.*

Otto A. Böhmer

Brüder im Geiste

Heidegger trifft Hölderlin

Otto A. Böhmer erzählt auf unterhaltsame Weise von einem Philosophen, der sich seinen Dichter nahm. Martin Heidegger, nach wie
vor einer der Umstrittenen hierzulande, erklärt Hölderlin zum
»Dichter der Dichter«. Dies ist nicht im Sinne einer Rangfolge gemeint, sondern zeichnet die Hellsichtigkeit eines Dichters aus, der
sich ins Freie vorwagt. Was er dort schaut und empfängt, kommt auch
dem Denker zu, der dafür andere, weniger poetische Worte finden
muss. Der Dichter spricht die Sache des Denkers an, der Denker versucht der Sprache des Dichters auf den Grund zu gehen. Beide mühen
sich im Sinne eines Auftrags, der vor unvordenklichen Zeiten ergangen sein muss und der über den irdischen Geschäftsbetrieb hinaus-
weist. Hölderlin hat diesen Auftrag als Dichter wahrgenommen; Heidegger ist ihm als Denker nachgekommen, der die Vielfalt des
Seienden zurücklässt, um zum Sein aufzubrechen.

Der Autor

Otto A. Böhmer, Jahrgang 1949, ist promovierter Philosoph und war
von 1977 bis 1986 als Lektor für mehrere Verlage (u. a. Suhrkamp,
Insel und Brockhaus) tätig. Er ist Autor sehr erfolgreicher philosophischer Sachbücher (u. a. *Sternstunden der Philosophie, Sofies Lexikon*)
und mehrerer Romane (u. a. *Wenn die Eintracht spielt, Nächster Halt
Himmelreich*). Zuletzt erschien bei Alber der philosophische Roman
Frei nach Schopenhauer.

Der Autor dankt der *Wilhelm und Christine Hirschmann Stiftung*, die dieses Buch mit einem Arbeitsstipendium unterstützt hat.

MIX
Papier aus verantwortungsvollen Quellen
FSC® C083411

Originalausgabe

© VERLAG KARL ALBER
in der Verlag Herder GmbH, Freiburg / München 2019
www.verlag-alber.de

Coverfoto: »Zwei gegen die Wand«, © der Projektor / Photocase.de
Satz: SatzWeise, Bad Wünnenberg
Herstellung: CPI books GmbH, Leck

Printed in Germany

ISBN 978-3-495-49073-0

Inhalt

Für Christel und Mareike

»(…) Wo bin ich? Was heißt denn das: die Welt? Was bedeutet dies Wort? Wer hat mich in das Ganze hinein betrogen und lässt mich nun dastehen? Wer bin ich? Wie bin ich in die Welt hineingekommen; warum hat man mich nicht vorher gefragt, warum hat man mich nicht erst bekannt gemacht mit Sitten und Gewohnheiten, sondern mich hineingesteckt in Reih und Glied, als wäre ich gekauft von einem Menschenhändler? Wie bin ich Teilhaber geworden in dem großen Unternehmen, das man Wirklichkeit nennt? Warum soll ich Teilhaber sein? Ist das nicht Sache freien Entschlusses? Und falls ich genötigt sein soll, es zu sein, wer ist denn da der verantwortliche Leiter? An wen soll ich mich wenden mit meiner Klage? Das Dasein ist ja eine Diskussion, darf ich bitten, meine Betrachtung mit zur Verhandlung zu stellen (…). Will da niemand antworten?«

Sören Kierkegaard

SPÄTES GLÜCK

Als er heimgefunden hatte, legten sich die Stürme des Lebens. Stille kehrte ein. Früher hatte er sein Blut gespürt, das in ihm jagte und zu hitzigen Gedanken führte, die keinen Stein auf dem andern ließen. Dann aber wurde er in die Enge getrieben und ruhig gestellt, er fror unter der Sonne. Es war, als ob er gestorben wäre, zuvor aber noch die eigene Beerdigung zu organisieren hatte. Er ließ das alles verstreichen, ungerührt; zu seiner Beerdigung wäre ohnehin keiner gekommen, da konnte er auch das Sterben lassen. Blind getröstet machte er weiter, und von Stund an waren es die kleinen Freuden, die ihm sein zweites Leben füllten. Zum Beispiel Nächte wie diese, schmeichelnde, wispernde Sommernächte, die voller Stimmen waren – und ohne Ansehen der Person. Der Mond stand über dem Neckar, das Wasser glänzte, durch die Wipfel der Bäume ging ein Rauschen, obwohl es windstill war. Friedrich Hölderlin, ein Dichter, der kein Dichter mehr war, sondern Gast auf Erden, stand am geöffneten Fenster seines Tübinger Turmzimmers und schaute hinaus. Wer ihn nicht kannte, konnte meinen, daß er zu sich selber sprach, seine Lippen bewegten sich, er antwortete auf die Stimmen der Nacht, die nicht ihm galten. Hölderlin liebte Nächte wie diese, die sich zu einer schwäbischen Mittsommernacht zusammenfinden, in der das Licht die Dunkelheit durchdringt, nicht hell und lodernd wie im Norden, sondern verspielter, nach Art eines liebenden Jünglings, der es vorzieht, sein Mädchen einzuspinnen, zu umgarnen, statt es besitzen zu wollen. In der ersten, nun schon weit zurückliegenden Hälfte seines Lebens war Hölderlin in Nächten wie dieser noch ausgeschwärmt, er feierte ein Fest zu

Ehren der Götter, die nicht klein beigeben, nur weil sich ein einzelner Gott aufgeschwungen hat, um sich über sie zu erheben. Ohnehin erscheint das Leben in jungen Jahren als eine Feier ohne Ende, jegliche Sperrstunde ist aufgehoben. Die Götter indes sind nicht überholt; der gestrenge Herr Vater Gott, der sich sogar seines Sohnes entledigt, um den eigenen Machtanspruch hinterrücks, über die Gewährung fataler Gnade, zu festigen, glaubt, allmächtig zu sein, er ist sich das schuldig, aber an die Götter reicht er nicht heran. Oder sollte man sagen: nicht mehr heran – denn es ist ja alles, fast alles anders geworden in letzter Zeit, die Menschen, einmal hellhörig geworden, haben sich mancher Fesseln entledigt, dafür sind andere, unbemerkt, hinzugekommen. Hölderlin, mittlerweile etwas fülliger um die Hüften geworden und war doch früher ein so ranker und schlanker, man sagte auch: gutaussehender Mann, ist es zufrieden mit der Ruhe, in die er sich einbegeben hat. Manchmal fahren ihm noch Erkenntnisblitze in sein herabgestimmtes Bewußtsein, dann erschrickt er und Erinnerungsstücke, abgelegt in eigener, nicht mehr auf Wort und Schrift bezogener Ordnung, fallen ihm durch den Kopf, er kommt sich dann ertappt vor, schuldig ist er, daß er die Ordnung nicht ordentlich halten konnte, sondern die anfallende Unordnung zuläßt – es greift ihn an wie ein entbehrlicher Schmerz. Das aber passiert nur noch selten; viel lieber läßt er sich das Nächstliegende denken, erfreut sich am träge dahinströmenden Neckar, der blauen, unverrückbaren Alb, an den Mauerseglern, die aus der Sonne heimkehren ins schattige Versteck, an Brot, Wasser und Wein. Wenn man sich nach seinem Befinden erkundigt, das kommt vor, antwortet er freundlich, es gibt nichts zu sagen, aber jede freundliche Frage ist mit einer freundlichen Antwort zu erwidern, das gebieten die Regeln der Höflichkeit, die ihm schon im Elternhaus mit den zwei Vätern beigebracht wurden. Hölderlin möchte nicht mehr angerührt werden, er braucht den Schmerz und die Angst nicht mehr, die das alte Bewusst-

*sein bestimmten, er braucht auch das Selbst nicht mehr, das
dem alten Bewußtsein aufgesetzt war. Es ist ihm zersprungen
wie ein Tableau, das man beschwert hat, ohne sich daran zu
erinnern, daß es einmal gedacht war, Leichtes abzutragen. Bei
seinem Bedenken ist er, als es an der Zeit war, gescheitert – es
kam einer Rettung gleich. Er konnte noch einmal beginnen, das
alte Bewußtsein wird nun an sicherem, unzugänglichem Ort
aufbewahrt; vielleicht haben andere eines fernen Tages Ver-
wendung dafür und möchten wissen, was er einst dachte. Ein
Geschenk war sein Denken, ein Leiden; er selbst, wenn es ihn je
gegeben hat, war dafür nicht zuständig. Die Stimmen der
Nacht werden lauter, legen sich übereinander; auch hier jetzt
wieder Unordnung in der Ordnung, der Abtrieb hat begonnen.
Weitab, über den Vorhöhen der Alb, zucken schon Blitze, ihr
Donner kommt noch nicht nach. Die alten Bäume rauschen in
einem härter werdenden Wind, der Fluß überzieht sich mit
bräunlichen Wellen. Ein Nachen hat sich losgerissen und treibt
auf die Brücke zu, früher oder später wird er zerschellen.
Wenn die Nacht sich so wendet und keine Mittsommernacht
mehr ist, weiß Hölderlin, was er zu tun hat. Er schließt das
Fenster und legt sich auf sein Bett. Bekleidet ist er für den Not-
fall, der jederzeit eintreten kann. Wer wie er, Hölderlin, für die
Einrede des Wissens nicht mehr empfänglich ist, hält sich in
der Schwebe; im Wartestand ist er und weiß nicht, daß er war-
tet. Spätes Glück wird gegeben, es bedarf keiner Erfahrung.*

»Abgezogenheit von allem Lebendigen, das war es, was ich
suchte ... Allmählich war mir das, was man vor Augen hat,
so fremde geworden, daß ich es oft beinahe mit Staunen ansah. (...) Ich kam mir vor wie ein Geist, der sich über die
Mitternachtsstunde verweilt hat, und den Hahnenschrei hört
... Meinem Herzen ist oft wohl in dieser Dämmerung. Ich
weiß nicht, wie mir geschieht ... Mein ganzes Wesen ver-

stummt und lauscht … Mir wird, als schlösse sich die Pforte des Unsichtbaren auf mir auf und ich verginge mit allem, was um mich ist, bis ein Rauschen im Gesträuche mich aufweckt aus dem seligen Tode … Meinem Herzen ist wohl in dieser Dämmerung. Ist sie unser Element, diese Dämmerung?«

Hölderlin[1]

»Der Tod, wenn wir jene Unwirklichkeit so nennen wollen, ist das Furchtbarste, und das Tote festzuhalten, das, was die größte Kraft erfordert. Die kraftlose Schönheit haßt den Verstand, weil er ihr dies zumutet, was er nicht vermag. Aber nicht das Leben, das sich vor dem Tode scheut und von der Verwüstung rein bewahrt, sondern das ihn erträgt und in ihm sich erhält, ist das Leben des Geistes.«

Hegel[2]

»Täglich geh' ich heraus und such' ein Anderes immer, / Habe längst sie befragt, alle die Pfade des Landes; / Droben die kühlenden Höhn, die Schatten alle, besuch' ich, / Und die Quellen; hinauf irret der Geist und hinab, / Ruh erbittend; so flieht das getroffene Wild in die Wälder, / Wo es um Mittag sonst sicher im Dunkel geruht … / Nicht die Wärme des Lichts und nicht die Kühle der Nacht hilft / Und in Wogen des Stroms taucht es die Wunden umsonst … / – Ach! Wo bist du, Liebende, nun? Sie haben mein Auge / Mir genommen, mein Herz hab' ich verloren mit ihr. / Darum irr' ich umher, und wohl, wie die Schatten, so muß ich / Leben und sinnlos dünkt lange das Übrige mir. / Danken möcht' ich, aber wofür? Verzehret das Letzte / Selbst die Erinnerung nicht? nimmt von der Lippe denn nicht / Bessere Rede mir der Scherz …«

Hölderlin[3]

»Ich bitte dieses Blatt nur gutmütig zu lesen. So wird es sicher nicht unfaßlich, noch weniger anstößig sein. Sollten aber dennoch einige eine solche Sprache zu wenig konventionell finden, so muß ich ihnen gestehen: ich kann nicht anders. An einem schönen Tage läßt sich ja fast jede Sangart hören, und die Natur, wovon es her ist, nimmt's auch wieder.«
Hölderlin[4]

»Aber Freund! wir kommen zu spät. Zwar leben die Götter, / Aber über dem Haupt droben in anderer Welt. / Endlos wirken sie da und scheinen wenig zu achten, / Ob wir leben, so sehr schonen die Himmlischen uns, / Denn nicht immer vermag ein schwaches Gefäß sie zu fassen, / Nur zu Zeiten erträgt göttliche Fülle der Mensch. / Traum von ihnen ist drauf das Leben. Aber das Irrsal / Hilft, wie Schlummer, und stark machet die Not und die Nacht, / Bis daß Helden genug in der ehernen Wiege gewachsen, / Herzen an Kraft, wie sonst, ähnlich den Himmlischen sind. / Donnernd kommen sie drauf. Indessen dünket mir öfters / Besser zu schlafen, wie so ohne Genossen zu sein, / So zu harren, und was zu tun indes und zu sagen, / Weiß ich nicht, und wozu Dichter in dürftiger Zeit …«
Hölderlin[5]

IM DENKENDEN GEDICHT

Friedrich Hölderlin war ein Dichter, der in »dürftiger« Zeit dichtete; im nachhinein besehen ist sie wohl so dürftig und großartig gewesen wie jede andere Zeit, die sich an einem Ideal bemißt, das ihr nicht entspricht. Hölderlins Tonfall ist unverwechselbar, sein Anspruch beträchtlich: Er läßt das Unsagbare anklingen, bis es, eindringlich aufsteigend, sagbar erscheint, obwohl wir dabei mehr mit Ahnungen bedacht werden als mit tiefgreifenden Einsichten. Dafür hat er, so will es eine der literarhistorischen Varianten, die sich um sein Leben ranken, schließlich mit der Aufgabe des dichterischen Normalverstands bezahlen müssen. Hölderlin verfiel dem Wahnsinn, und bis auf den heutigen Tag hält sich, ähnlich wie im Fall Nietzsche, eine begründete Vermutung, daß der Wahnsinn nur eine letzte Zufluchtsstätte gewesen sein könnte – der Fluchtpunkt in einem auseinandertreibenden Leben, das sich anders nicht mehr bestehen ließ.

Mit der Gedichtzeile »wozu Dichter in dürftiger Zeit« aus der Elegie *Brot und Wein* hat Hölderlin nicht nur auf den eigenen Berufsstand verwiesen, sondern auch ein geflügeltes Wort geschaffen, das geeignet war, über seine besonderen Lebensumstände hinauszugreifen. Dürftige Zeiten sind fast immer, was sich beispielsweise aus den Klagen der Kulturschaffenden heraushören läßt, zu deren Arbeitsplatzbeschreibung es gehört, dem Zeitgeist mit Widerworten zu begegnen. Daß Dichter und Denker ähnliche Ansichten vertreten, kommt vor; daß sie sich jedoch eine Brüderschaft im Geiste erwählen, die von den Zeitumständen absieht und auf einhellige Zustimmung setzt, ist selten. Der Philosoph Mar-

tin Heidegger, nach wie vor einer der Umstrittenen hierzulande, der dennoch oder gerade deswegen als einer der
weltweit bekanntesten deutschen Philosophen gilt, hat eine
solche Brüderschaft im Geiste geschaffen, und er erwählte
sich dafür keinen Geringeren als – Friedrich Hölderlin. Wir
können den Dichter nicht mehr befragen, ob er mit einer
solchen freundschaftlichen Vereinnahmung einverstanden
gewesen wäre, und auch Heidegger, der seinem Jahrhundert
einige nachhaltige Irritationen bescherte, steht für Auskünf-
te nicht mehr zur Verfügung. Was bleibt, sind die Werke, im
besonderen die Hölderlin-Aufsätze Heideggers, aus denen
deutlich wird, daß die Allianz von Philosoph und Dichter fest
gründet und auf ein gemeinsames Erkenntnisinteresse fest-
gelegt werden kann. Für Heidegger ist der Dichter Hölderlin
kein beliebiger Dichter, dessen Werk, nach germanistischer
Sitte, seziert und bedacht werden könnte wie andere poetische Erzeugnisse auch. Nein, Hölderlin steht weitab von
jeder literarischen Beliebigkeit, weil er, so Heidegger, kein
artifizieller Themen-Schöpfer gewesen ist, sondern Kunde
gab vom Göttlichen, Ewigen, Einen, das nur zu denen
spricht, die in der Lage sind zu hören. In einer 1936 in Rom
gehaltenen Rede mit dem Titel »Hölderlin und das Wesen
der Dichtung«, deren Text später in einer Zeitschrift namens
Das innere Reich abgedruckt wurde, heißt es dazu: »Warum
ist für die Absicht, das Wesen der Dichtung zu zeigen, Hölderlins Werk gewählt? Weshalb nicht Homer oder Sopho-
kles, weshalb nicht Vergil oder Dante, weshalb nicht Shake-
speare oder Goethe? In den Werken dieser Dichter ist das
Wesen der Dichtung doch auch und sogar reicher verwirklicht als in dem früh und jäh abbrechenden Schaffen Hölderlins ... Daher scheint unser Vorhaben schon im Ansatz ver-
fehlt. Gewiß – solange wir unter ›Wesen der Dichtung‹ das
verstehen, was in einen allgemeinen Begriff zusammenge-
zogen wird, der dann für jede Dichtung in gleicher Weise

gilt. Aber dieses Allgemeine, das so für alles Besondere gleich gilt, ist immer das Gleichgültige, jenes ›Wesen‹, das niemals wesentlich werden kann. Doch eben dieses Wesentliche des Wesens suchen wir, jenes, was uns zur Entscheidung zwingt, ob und wie wir die Dichtung künftig ernst nehmen, ob und wie wir die Voraussetzungen mitbringen, im Machtbereich der Dichtung zu stehen. – Hölderlin ist« also »nicht darum gewählt, weil sein Werk eines unter anderen das allgemeine Wesen der Dichtung verwirklicht, sondern einzig deshalb, weil Hölderlins Dichtung von der dichterischen Bestimmung getragen ist, das Wesen der Dichtung eigens zu dichten. Hölderlin ist uns in einem ausgezeichneten Sinne *der Dichter des Dichters*. Deshalb stellt er in die Entscheidung.«[6]

Heidegger erklärt Hölderlin zum Dichter der Dichter. Dies ist nicht im Sinne einer Rangfolge gemeint, sondern bezieht sich auf die Hellsichtigkeit und das innere Wahrnehmungsvermögen eines Dichters, der sich ins Freie vorwagt. Was er dort schaut und empfängt, kommt auch dem Denker zu, der dafür andere, weniger poetische Worte finden muß. Der Dichter spricht die Sache des Denkers an, der Denker versucht der Sprache des Dichters auf den Grund zu gehen. Beide mühen sich im Sinne eines Auftrags, der vor unvordenklichen Zeiten ergangen ist und über den irdischen Geschäftsbetrieb hinaus auf die Ewigkeit verweist. Hölderlin hat diesen Auftrag als Dichter wahrgenommen; Heidegger ist ihm als Denker nachgekommen, der die Vielfalt des Seienden zurückläßt und zum Sein selbst vordringen will. Hölderlin, so könnte man sagen, hat sich in seinem Metier als Vorgänger eines Philosophen versucht, der ihm dafür, nachträglich und unaufgefordert, Anerkennung zollt.

Mit der Anerkennung hatte er kein Problem. Am liebsten wurde er selbst anerkannt, aber er verstand sich auch aufs Kongeniale, das ihm nur selten unterkam, weswegen es um so leichter auszumachen war und seine persönliche Wertschätzung erfuhr. Hölderlin hatte sich als kongenial erwiesen, zweifelsfrei, ja man mußte zugeben, daß er im Arbeitsdienst der Wahrheit ganz und gar aufgegangen war, mit Leib und Seele, mit allen Fasern seiner Existenz, die sich schließlich so weit beruhigen ließ, daß er sie, unter anderen Vorzeichen und merkwürdig gedämpft, neu beginnen konnte. Heidegger hingegen, sein späterer Mentor, hatte den Arbeitsdienst an der Wahrheit nicht in Überanstrengung ausarten lassen, er dachte weit zurück, ins Frühe und Alte, er begann seinen Tag auf der Lichtung, aber er dachte auch an den Feierabend, schließlich hatte man ihn als Philosophen zum Beamten gemacht, und ein Beamter darf das Undenkbare nach Art eines Vorgangs denken, der am Ende, trotz schwindelerregender und begriffssprengender Inhalte, sein Aktenzeichen erhält. Konnte man sagen, daß er, Heidegger, einen versteckten Hang zur Gemütlichkeit hatte, zum Schlichten und Einfachen, das mittlerweile dem modernen Souverän anheimgefallen ist, einer alles überwuchernden Kritik. Ja, man hätte das sagen können, es wäre nicht falsch gewesen, und doch griff es – zu kurz. Die Nacht war gekommen, und Heidegger saß vor seiner Schwarzwälder Hütte. Er hatte ein Glas Wein vor sich und fühlte sich, dafür konnte er von der Kritik nicht zur Rechenschaft gezogen werden, behaglich und sicher. Über ihm wölbte sich der Sternenhimmel. In dieser Nacht. Im Tal sah er die Lichter der verschwiegenen Schwarzwälder Behausungen, ein leichter Wind ging, und er dachte daran, daß in Nächten wie dieser das Denken sich heiter gab, es kam zum Erliegen. Alles war so, wie es sein sollte: Ein in die Jahre gekommener Philosoph, der sich zuvor mit Ruhm bekleckert hatte, von dem seine Verächter inzwischen nur noch die unappetitlichen Ränder bemerkten,

19

saß vor seiner Hütte und wurde flugs wieder jung. Die Zeit
hielt inne, ließ sich, im Traumspiel einer wiederholbaren
Nacht, noch einmal neu in die Karten schauen. Er sah sich,
mit geschlossenen Augen, als stämmigen Studenten die
Schneeberge hinabjagen, ein Skifahrer auf Abwegen, der damals bereits seinen Höhenweg kannte. An seiner gewaltigen
Zipfelmütze wuchsen Eiskristalle, und vom Fahrtwind bewegt
fing der beinhart gefrorene Bommel an zu schlagen, als müsse
er ihm, dem seine Spur haltenden Denker, noch einige Klang-
folgen des Ewigen mit beigeben. »Aus dem Weg!« rief er, denn
einige hilflos vor sich hinstaksende Anfänger rutschten ihm
von der Seite her in die Piste. »Aus dem Weg!« Gehorsam war-
fen sie sich, um seiner Schußfahrt zu entgehen, in den Schnee;
er stob an ihnen vorbei und erkannte im Vorüberfliegen noch
einige Professoren der Philosophie, die ihm, wen wundert's,
sehr klein vorkamen. Unten, im Hofsgrund, kam er vor einem
Wirtshaus zum Stehen, und er schnallte ab, um sich eine Stär-
kung zu gönnen. In der rauchgeschwängerten Gaststube aber
war alles voll, und so hielt Heidegger es für zweckmäßig, die
Augen wieder zu öffnen. Noch immer breitete sich die sternenklare Nacht über ihm aus, die Lichter standen bereits in der
Senke. Irgend jemand hat frecherweise mein Weinglas aus-
getrunken, dachte er. Kaum ist man hier oben ein wenig einge-
nickt, kommen heimtückische Zecher aus den Büschen und
saufen alles weg, was nicht vertäut und versiegelt ist. Er erhob
sich seufzend, nahm sein Weinglas und ging in die Wohnküche,
wo unter der Lampe die Weinflasche stand, aus der er sich
nachzuschenken gedachte. Auf dem Tisch aber war nichts
Trinkbares zu entdecken, sondern nur ein am Kopfrand be-
schriebenes Blatt Papier. Wo kommt diese Manuskriptseite
her? dachte er, ist denn auch hier oben schon jene Unordnung
eingekehrt, die Gegenstandswelt und Kopfzirkularien glei-
chermaßen heimsucht, Hölderlin wußte davon ein Lied zu sin-
gen. Es würde mich nicht wundern, fügte er für sich hinzu,

20

wenn die Weinflasche in der Studierzelle steht, wo sie nicht hingehört. Da seine Vermutung den Tatsachen entsprach, nahm er sie verschämt vom Schreibtisch und ging zurück in die Wohnküche. Er schenkte sich ein, und sein Blick fiel auf das mit zarten Flecken besäte Papier. »Ich erfahre«, stand da zu lesen, »den stündlichen, täglich-nächtlichen Wandel der Landschaft im großen Auf und Ab der Jahreszeiten. Der Gang der Arbeit bleibt in das Geschehen der Landschaft eingesenkt.« Heidegger, der sich auf einmal beobachtet, ja: ausgespäht vorkam, nahm am Tisch Platz, und er ergänzte das Geschriebene um den Satz: »In der hellen Nacht des Nichts der Angst ersteht erst die ursprüngliche Offenbarkeit des Seienden.« Als er aufschaute, sah er seine Frau Elfride in der Tür stehen. »Komm«, sagte sie. »Eh du mir gänzlich ein anderer wirst. Es ist spät.« – Am nächsten Morgen brummte dem Philosophen Heidegger der Schädel. Nach dem Frühstück, das ihm nicht mundete, machte er sich auf zu einem Gang ins Freie. Draußen, vor der Hütte, empfing ihn seltsames Zwielicht: Der Himmel wirkte wie aufgelöst, Wolken zogen über ihn hin und wurden gleich darauf im Kreisgang zurückgetrieben. Heidegger ging seines Weges; ab und zu knickte er ein in die Erde, und er hatte Mühe, voranzukommen. Im Wald war es still, es gab nur den Lärm, den er höchstpersönlich ins Holz brachte. Es ist kein Meinsein, dachte er, wohl aber Einsamkeit. In einer Lichtung, in der er schon öfter auffällig geworden war, setzte er sich auf einen Baumstumpf. Mit einem Mal kam Betrieb in den Wald. Kleinvieh scharrte im Dickicht, Vögel lärmten auf den Bäumen, und in naher Ferne machte man sich mit Sägen zu schaffen. Aus dem Busch hinter ihm kam plötzlich ein Mann gekrochen, ein kleiner, untersetzt wirkender Mann mit Zipfelmütze auf dem kantigen Schädel. »Darf ich mich zu Ihnen setzen?« sagte er und nahm neben ihm auf dem Stumpf Platz. »Nein!« sagte Heidegger. »Danke, sehr freundlich«, sagte der Mann. »Ich weiß, es ist kein Meinsein, wohl aber die Einsamkeit. In den *großen Städten kann der Mensch zwar mit Leichtigkeit so allein sein wie kaum irgendwo sonst. Aber er kann dort nie einsam sein. Denn Einsamkeit hat die ureigene Macht, daß sie uns nicht vereinzelt, sondern das ganze Dasein loswirft in die weite Nähe des Wesens aller Dinge.«* Heidegger sah zur Seite, er wußte, wer der lästige Mensch war, der sich ihm da zugesellt und aufgedrängt hatte. *Den werde ich nicht mehr los!* dachte er resignierend. *Er wird mir folgen, ein Leben lang. Und am Ende ist er schon da, wo ich noch hin soll.*

»Wir achten jetzt auf anderes. Mag Anwesendes erfahren, erfaßt oder dargestellt sein oder nicht, stets bleibt die Anwesenheit als Hereinweilen in Offenes auf die schon waltende Lichtung angewiesen. Auch Abwesendes kann nicht als solches sein, es sei den als anwesend *im Freien der Lichtung* (…) Kein Aussehen ohne Licht – dies erkannte schon Platon. Aber es gibt kein Licht und keine Helle ohne die Lichtung. Sogar das Dunkel bedarf ihrer. Wie könnten wir sonst in das Dunkel geraten und es durchirren? Gleichwohl bleibt in der Philosophie die im Sein, in der Anwesenheit waltende Lichtung als solche ungedacht, wenngleich in ihrem Beginn von der Lichtung gesprochen wird. Wo geschieht es und in welchem Namen? Antwort: Im denkenden Gedicht des Parmenides, der, soweit wir wissen, als der erste dem Sein des Seienden eigens nachgedacht hat … Parmenides hört den Zuspruch: ›(…) du sollst aber alles erfahren: / sowohl der Unverborgenheit, der gutgerundeten, / nichtzitterndes Herz / als auch der Sterblichen Dafürhalten, dem fehlt das / Vertrauenkönnen auf Unverborgenes.‹ – Hier wird die Aletheia, die Unverborgenheit, genannt. Sie heißt die gutgerundete, weil sie im reinen Rund des Kreises gedreht ist, auf dem überall Anfang und Ende dasselbe sind. In dieser Drehung gibt es keine Möglichkeit des Verdrehens, Verstellens und Verschließens. Der

sinnende Mann soll das nichtzitternde Herz der Unverbor-
genheit erfahren. Was meint das Wort vom nichtzitternden
Herzen der Unverborgenheit? Es meint sie selbst in ihrem
Eigensten, meint den Ort der Stille, der in sich versammelt,
was erst Unverborgenheit gewährt. Das ist die Lichtung des
Offenen.«

Heidegger[7]

»(...) Heideggers Denken ... hat eine nur ihm eigene bohren-
de Qualität, die, wollte man sie sprachlich fassen, in dem
transitiven Gebrauch des Verbums ›denken‹ liegt. Heidegger
denkt nie ›über‹ etwas; er denkt etwas. In dieser ganz und gar
unkontemplativen Tätigkeit bohrt er sich in die Tiefe, aber
nicht um in dieser Dimension – von der man sagen könnte,
daß sie in dieser Weise und Präzision vorher schlechterdings
unentdeckt war – einen letzten und sichernden Grund zu entdecken oder gar zutage zu fördern, sondern, um in der Tiefe
verbleibend, Wege zu legen und *Wegmarken* zu setzen (dies
der Titel einer Sammlung von Texten aus den Jahren 1929–
1962). Das Denken mag sich Aufgaben stellen, es mag mit
›Problemen‹ befaßt sein, es hat ja natürlich immer etwas Spe-
zifisches, womit es gerade beschäftigt oder, genauer, wovon es
gerade erregt ist; aber man kann nicht sagen, daß es ein Ziel
hat. Es ist unaufhörlich tätig, und selbst das Wegelegen dient
eher der Erschließung einer Dimension als einem im Vorhinein gesichteten und darauf ausgerichteten Ziel. Die Wege
dürfen ruhig *Holzwege* sein (nach dem Titel einer Essay-
sammlung aus den Jahren 1935–1946), die ja gerade, weil sie
nicht zu einem außerhalb des Waldes gelegenen Ziel führen
und ›jäh im Unbegangenen aufhören‹, demjenigen, der den
Wald liebt und in ihm sich heimisch fühlt, ungleich gemäßer
sind als die sorgsam angelegten Problemstraßen, auf denen

die Untersuchungen der zünftigen Philosophen und Geistes-
wissenschaftler hin- und hereilen.«
Hannah Arendt[8]

»Holz lautet ein alter Name für Wald. Im Holz sind Wege, die
meist verwachsen jäh im Unbegangenen aufhören. – Sie
heißen Holzwege. – Jeder verläuft gesondert, aber im selben
Wald. Oft scheint es, als gleiche einer dem anderen. Doch es
scheint nur so. – Holzmacher und Waldhüter kennen die
Wege. Sie wissen, was es heißt, auf einem Holzweg zu sein.«
Heidegger[9]

SO STILLE MANCHMAL

Am 20. März 1770 wird Johann Christian Friedrich Hölderlin in Lauffen am Neckar geboren. Der Vater Heinrich Hölderlin ist Klosterhofmeister, die Mutter Johanna eine gottesfürchtige Frau, deren herbe Schönheit gelegentlich Erwähnung findet. Hölderlins Vater stirbt früh an einem Schlaganfall. Zwei Jahre später, im Oktober 1774, heiratet Johanna den Nürtinger Weinhändler und Bürgermeister Johann Christoph Gok, der Hölderlin den ersten Vater bestens zu ersetzen weiß. Die Familie, zu der noch die Schwester Heinrike, der Halbbruder Karl und die Großmutter gehören, lebt in durchaus ansehnlichen Verhältnissen, die auf Wohlstand gründen. Allerdings stirbt auch Gok früh, und Johanna, die zweimalige Witwe, haust sich in ihren vom Leid geprüften Gottesglauben ein. Den Tod der Väter erklärt Hölderlin später zum Ausgangspunkt seiner Melancholie, die ihn ein Leben lang begleitet. Er besucht die Klosterschulen in Denkendorf und Maulbronn, an denen streng reglementierter Unterricht betrieben wird und die Erziehungsmethoden menschenunfreundlich sind. Das Berufsziel, das die bestimmende Johanna für ihren ergebenen Sohn Friedrich ausgegeben hat, ist klar und wird sich nie ändern: Er soll Geistlicher werden und als solcher eine kleine Pfarrei im Württembergischen führen. Von 1788 bis 1793 studiert Hölderlin am renommierten Tübinger Stift und befreundet sich dort (u. a.) mit den späteren Philosophen Hegel und Schelling. Nach dem Studium, das er mit dem Magisterexamen abschließt, amtiert er, auf Empfehlung Schillers, als Hauslehrer auf dem Gut der Familie von Kalb im thüringischen

Waltershausen. Es ist dies damals die übliche Art und Weise, wie sich Intellektuelle, die keine Universitäts- oder kirchliche Anstellung finden, über Wasser halten. Hölderlins Versuche, an der benachbarten Universität Jena Fuß zu fassen, bleiben erfolglos. Man sieht in ihm einen talentierten jungen Dichter, der zur Überspanntheit neigt – mehr nicht. Eine Begegnung mit Goethe verläuft so enttäuschend, daß sie tiefe Unmutsspuren hinterläßt: Sogar als Hölderlin längst zum Pflegefall geworden ist, gerät er noch immer in Wut, wenn ein Besucher den Namen Goethe erwähnt.

1796 tritt Hölderlin eine Hauslehrerstelle bei der Familie Gontard in Frankfurt an. Susette Gontard, die Dame des Hauses, avanciert zu seiner großen Liebe; die Liebe wird erwidert. Die Schwierigkeiten sind damit vorgezeichnet; eine standes- und sittenwidrige Liaison wie diese kann nicht verborgen bleiben geschweige denn im Glück enden. Es kommt, wie es kommen muß: Gontard, ein reicher, gefühlsarmer Handelsmann, entläßt seinen Hauslehrer im September 1798. Hölderlin hält sich noch eine Zeitlang in Homburg bei seinem Freund Sinclair auf. Heimlich trifft er sich mit Susette Gontard, der Diotima seines Romans *Hyperion*, dessen erster Band im April 1797 erschienen ist. Weitere literarische Pläne scheitern. Hölderlin hat indes eine innere Entwicklung durchgemacht, die seine Sprache radikalisiert und von den Konventionen der Zeit wegführt; er selbst hat immer öfter das Gefühl, daß er dem Bilderstrom, der durch seinen Kopf zieht, kaum noch gewachsen ist. Am 7. November 1799 übergibt er Susette den zweiten Band des *Hyperion*, in dem die Widmung steht »Wem sonst als Dir«. Er kehrt in seine schwäbische Heimat zurück. Um keine Pfarrei übernehmen zu müssen, versucht er sich erneut als Hauslehrer: 1801 in Hauptwil in der Schweiz, 1802 in Bordeaux. Beide Dienstverhältnisse werden schnell wieder gelöst. Hölderlins Gesundheit ist zerrüttet. Als er im Sommer 1802 aus Frankreich zurückkehrt, erreicht ihn die Nachricht, daß Susette Gontard gestorben ist: Als Todesursache werden Röteln genannt, aber in Wahrheit starb sie wohl am gebrochenen Herzen. – Der Rest von Hölderlins Leben läßt sich schnell erzählen: 1806 wird er in die Autenriethsche Klinik in Tübingen eingeliefert, man erklärt ihn für unheilbar geisteskrank, seine Lebenserwartung, heißt es, sei auf drei Jahre begrenzt. Als niemand mehr damit rechnet, widerfährt Hölderlin noch ein Glücksfall: Ein grundsolider Handwerksmann, der Schreinermeister Ernst Zimmer, nimmt sich des Dichters an, der nun ein Pflegefall ist. In Zimmers Haus, wo Hölderlin ein Turmzimmer mit Blick auf den Neckar bewohnt, das heute von Touristen bestaunt wird, verbringt der Dichter die andere Hälfte seines Lebens. 36 Jahre sind ihm noch vergönnt, in der er seine eigene Welt behaust, äußerlich zur Ruhe gekommen und im mühsam ausbalancierten Waffenstillstand mit den Mächten, die ihn so heftig bedrängten. – Daß ein Dichter, der tiefer sieht als andere, gefährdet ist, ahnte Hölderlin früh, die dazugehörigen Gewißheiten ließen nicht auf sich warten. In einem Fragment, das er im Sommer 1800 niederschrieb, heißt es: »Aber in Hütten wohnet der Mensch, und hüllet sich ins verschämte Gewand, denn inniger ist / achtsamer auch und daß er bewahre den Geist, wie die Priesterin die himmlische Flamme, dies ist sein Verstand. Und darum ist die Willkür ihm / und höhere Macht zu befehlen und zu vollbringen dem Götterähnlichen, und darum ist der Güter Gefährlichstes, die Sprache dem Menschen gegeben, damit er schaffend, zerstörend, und untergehend, und wiederkehrend zur ewigliebenden, zur Meisterin und Mutter, damit er zeuge, was er sei / geerbt zu haben, gelernt von ihr, ihr Göttlichstes, die allerhaltende Liebe.«[10]

Wenn er hinüberschaute zu den sanft ansteigenden Bergen, die sich um diese Zeit, trotz ihrer nicht überragenden Höhe, schon mal in Wolken verloren, stiegen ihm Tränen in die Augen. Er stand neben sich, so kam es ihm vor, ein noch junger Mann mit altersschwerer Bürde. Warum nur diese Traurigkeit, er hatte bislang doch nicht mehr getan, als seines Lebens Pflichten abzuleisten; nach bestem Wissen und Gewissen. Er fror im Sommerwind, auch die Blumen und Gräser schon gebeugt, das Summen der Bienen, wenn man nur ergeben genug lauschte, wurde bereits drohend. Einst hatte er gehofft, wie viele Jahrhunderte war das her, im Denken das Sein zu arretieren, hochachtungsvoll und in Ansehung seiner selbst; der Geist, aus einem Ich geboren, um dann, fortschreitend und notwendig, größenwahnsinnig zu werden, sollte sich als Reflexionselixier behaupten, das die Gegensätze anerkennt, bis sie sich aufgegeben haben und nur noch wissender Grund sind, der die Einverständigkeit fordert. Die Hoffnung hatte getrogen, sein Denken, obwohl versuchsweise vom Herzen befeuert, war in sich eine kalte Registratur. Noch immer ahnte er, was der innige Moment sein kann, in dem der Mensch bei sich selbst ist; er gleicht darin dem zufriedenen Tier – mehr ist nicht, mehr kann nicht sein im Areal hiesiger Vernunft, die auf Eigenleistung beruht, nicht auf göttlicher Eingabe. Da war dann seine Sehnsucht zurückgekehrt, jenes schmerzlich schöne Instrument, das in seiner Seele spielte, wo und wann es wollte. Es war nicht darauf angewiesen, daß man sich seiner annahm – es spielte für sich, ganz allein. Seinen wundersamen Klängen hatte er gelauscht, bis er erneut an die Philosophie geriet, die sich damals aus äußerer Beengtheit erhob und ein Terrain oberhalb der gewöhnlichen Welt errichtete, auf dem man alles wie zum ersten Mal sah, ein unwirkliches, aus Geist und Gedächtnis angereichertes Gesamtpanorama, das seine realen Entsprechungen nur noch über den Begriff nachstellte. Ich und Ichheit wollte Hölderlin, da er sich, vorübergehend, als

philosophischer Baumeister betätigte, unter einem Dach ver-
einen, keinem gewöhnlichen Dach, sondern einem Kunstwerk,
das wärmte und schützte, die Stürme des Lebens abhielt und
nur das ursprüngliche Licht einließ, auf daß alle Räume, es
waren unendlich viele, von der Helle durchflutet wurden. Ach,
es wäre ein unglaubliches Geschenk gewesen, in diesem Haus
zu wohnen, aber dann begriff er, daß er auch dort nur allein
gelebt hätte; für sich. Aus seinem Kopf kam er nicht heraus. Als
Trauer und Sehnsucht zurückkehrten, verdüsterte sich das
helle Haus, in unmerklicher Annäherung; eine fremde, zuvor
noch nicht wahrgemachte Stille legte sich um ihn, schnürte ihn
ein, und es schien ihm, als rollte sein verselbständigter Kopf,
der nun entbehrlich und abgetan war, durch leere Räume,
eigentlich ein Spielball für ihn, mit dem er jedoch nicht mehr
spielen mochte – nun wurde es ernst. Von da an blieb die Sehnsucht bei ihm wie eine fremd gewordene Vertraute; sie war
unversöhnlicher als früher, fast konnte man meinen, daß sie
sich, vom Widerstand enttäuscht, den sie erfahren hatte, und
innerer Not gehorchend, nur noch auf sich selbst besann.
Hölderlin wurde zwangsrekrutiert; die Sehnsucht war in ihm,
ließ nicht von ihm ab, auch wenn er glücklich zu sein glaubte
wie in der Liebe, die nicht gelingen konnte, nicht – auf Dauer.
Noch immer hielt Susette sein Herz besetzt, aber er war schon,
bei aller Liebe, über sie hinaus. Auch über sein eigenes Leben
war er schon hinaus: Zuletzt hatte er sich öfter sein Sterben
ausgemalt, es glich einem Schlaf mit mildem Vergessen; mehr
wollte er nicht vom Tod, nur Ruhe und Hausverbot für sein
Denken, das ein unseliger Totengräber war, den man des
Friedhofs verwiesen hatte. So gab er keinen Frieden, der
Totengräber, war lange am Werk, in seinem geplagten Kopf,
für sein unverständliches Geschäft brauchte er keine Toten
mehr, er durchwühlte alles, heiligen und unheiligen Boden,
alte Naturschutzgebiete und neu ausgewiesenes Bauland, sogar in den Inneren Bezirk drang er ein, mit mechanischen

Bewegungen, er war zur Maschine geworden; wenn er anrückte, drehten sich die Insassen im Grabe um, und die noch
Lebenden, eigenartig fasziniert, wandten sich mit Grausen.
Hölderlin schaute zu den grünen Bergen, die nun frei standen.
Die Sonne blendete, es war sehr warm. Er stieg über einen
Weidezaun, legte sich ins Gras, schloß die Augen. So konnte er
sehen, was nicht zu sehen war, den ganzen, ausschließlichen
Himmel nämlich, jeden Winkelstern, unzählige fahle Monde,
die nun Kolonien der Abberufenen waren, mit denen man göttlicherseits, auch wohl aus einer gewissen Vergeßlichkeit heraus, nichts mehr anzufangen wußte, zumal es ja noch die
eigentliche, früh eingerichtete Heimat der Seelen gab, ein ehemals paradiesisches Gelände, in dem man, gewöhnt noch an
irdische Zuwendung, darauf wartete, daß etwas geschieht.
Wer jedoch gestorben ist und geadelt wird zur freischwebenden Seele, darf darauf nicht hoffen; es gibt keine Bestandsgarantie, keine Zugabe. Hölderlin lächelte. Er hatte, trotz
Trauer und Sehnsucht, einen kindlichen Spaß am absolut Unbegreiflichen. Jemand kitzelte ihn mit einem Grashalm. Eine
leise Stimme hörte er, ganz nah; warum flüsterte sie so, seine
Liebe, sie waren doch unbesehen an diesem Ort, und wie es um
Liebende steht, weiß ohnehin jeder.

»Wie schwer wird es wieder, das Stillschweigen zu brechen
… Wie beschreibe ich Dir die unnennbare Stimmung, in
welche ich den Abend fiel? Ich glaubte im Blick Deine Gestalt, in der Allee zu sehen. Warst Du es wirklich? – oder
nicht? – Es traf mich wie ein Blitz, ich wurde warm und kalt,
und bald merkten die andern, daß ich allein zu sein wünschte,
und gingen. Es kam mir nun vor, als wärest Du es wirklich
gewesen, und irgend eine Angst trieb Dich zu mir, Du müßtest zu mir, ich ging ans Fenster und stand, mit unverwandtem Blick, es täuschte mich wieder, bald sah ich Dein Gesicht

durch die Büsche, bald lehntest Du Dich an einen Baum und kucktest da hervor, ich erkannte das Spiel der Phantasie und beredete mich, daß auch das vorige so gewesen. Der Schmerz ergriff nun mit kalter Hand mir das Herz und drohte es zu erdrücken, meine Gedanken erstarrten, es war, als hätte ich Dich umarmen wollen, und ein Schatten wärest Du geworden, dieser liebe Schatten hätte mich noch trösten können, und wie mein Sinn dieses forderte, wäre auch dieser mir verschwunden, und ein Nichts, wenn es denkbar wäre, geblieben. – Ich mußte mich aus diesem stummen Schmerz heraus reißen, und nun kam aus der Tiefe meines Wesens ein Ächzen, ein Gewinsel, eine Flut von Tränen, die sich lange drängten, ohne daß ich sie stillen konnte, und seitdem ist mir es immer so wunderbar schwermütig geblieben, und als hättest Du etwas gegen mich auf dem Herzen, und ich denke an nichts Anderes … O! Gott! erscheine mir nicht wieder so! O! zweifele nie an meiner Liebe! –– Dir! Dir allein wird sie ewig bleiben —.«
     Susette Gontard[11]

»Hätte ich mich zu Deinen Füßen nach und nach zum Künstler bilden können, in Ruhe und Freiheit, ja ich glaube, ich wäre es schnell geworden, wonach in allem Leide mein Herz sich in Träumen und am hellen Tage, und oft mit schweigender Verzweiflung sehnt. Es ist wohl der Tränen alle wert, die wir seit Jahren geweint, daß wir die Freude nicht haben sollten, die wir uns geben können, aber es ist himmelschreiend, wenn wir denken müssen, daß wir beide mit unsern besten Kräften vielleicht vergehen müssen, weil wir uns fehlen. Und sieh! Das macht mich eben so stille manchmal, weil ich mich hüten muß vor solchen Gedanken … Was ist besser, sage mir's, daß wir's verschweigen, was in unserm Herzen ist, oder daß wir uns es sagen! – Immer hab ich die Memme gespielt, um Dich zu schonen, – habe immer getan, als könnt ich mich in alles schicken, als wäre ich so recht zum Spielball der Menschen und Umstände gemacht und hätte kein festes Herz in mir, das treu und frei in seinem Rechte für sein Bestes schlüge, teuerstes Leben! Habe oft, meine liebste Liebe, selbst die Gedanken an Dich mir manchmal versagt und verleugnet, nur um so sanft wie möglich um Deinetwillen dies Schicksal durchzuleben, – Du auch, Du hast immer gerungen, Friedliche! Um Ruhe zu haben, hast mit Heldenkraft geduldet und verschwiegen, was nicht zu ändern ist, hast Deines Herzens ewige Wahl in Dir verborgen und begraben, und darum dämmert's oft vor uns, und wir wissen nicht mehr, was wir sind und haben, kennen uns kaum noch selbst; dieser ewige Kampf und Widerspruch im Innern, der muß Dich freilich langsam töten, und wenn kein Gott ihn da besänftigen kann, so hab ich keine Wahl, als zu verkümmern über Dir und mir, oder nichts, oder nichts mehr zu achten als Dich und einen Weg mit Dir zu suchen, der den Kampf uns endet. – Ich habe schon gedacht, als könnten wir auch von Verleugnung leben, als machte vielleicht auch dies uns stark, daß wir entschieden der Hoffnung das Lebewohl sagten.«

Hölderlin[12]

»(…) O komm heraus, liebster H., heraus ins Leben, stürze Dich hinein, von welcher Seite Du willst, und lebe mit den Alltäglichen, wie einer der Alltäglichsten; das wirst Du freilich nie können; aber eben darum zwinge Dich, so viel es geht, das Göttliche kann doch nie bloß Irdisches werden, es ist nur um des Extremes willen, um dem Irdischen nicht ganz zu entfliegen, um für die gemeinste Naturerscheinung sich empfänglich zu halten, wie für die größte …«

Siegfried Schmid an Hölderlin[13]

EISERN MEIN HIMMEL

Auf sie kann man sich etwas einbilden: die Philosophie des deutschen Idealismus. Wer an ihr teilhatte, philosophierte, in einem Zeitraum, der kaum mehr als achtzig Jahre umfaßte, auf erstaunlichem Niveau, das allerdings, vor dem Hintergrund realpolitischer Stagnation, auf listige Weise fremdverschuldet war. Vor der Praxis nämlich, die als gefahrbringend und strittig galt, kam die Theorie; sie stand für einen Aufschwung des Denkens, der ohne Rücksicht auf Wirklichkeitsverluste vorging und die bisherige Philosophiegeschichte in Besinnungsorder nahm, eine durchdachte Anmaßung, die einverständige Verabschiedung und hochgemuter Neubeginn in einem sein sollte. – Im Spätherbst 1793 hatte Hölderlin eine Hauslehrerstelle in Waltershausen bei Jena angetreten. Seine Arbeitgeberin Charlotte von Kalb war zufrieden mit ihm, wohlwissend daß die Aufgabe, die Hölderlin zu erledigen hatte, keine einfache war. Der Sohn des Hauses, den es zu erziehen galt, erwies sich, milde gesprochen, als schwieriges Kind, war mal verstockt, mal vertrauensselig und insgesamt heiklen Bedürfnissen unterworfen, die zu therapieren andere Methoden erfordert hätten, als sie damals üblich waren. Hölderlin, der trotzdem Zeit fand, etwas für sich tun, schrieb sich an der Universität Jena ein, die in jenen Tagen vor allem von ihrem philosophischen Ruf zehrte. Johann Gottlieb Fichte lehrte hier, unter den Kant-Nachfolgern der bekannteste und umstrittenste, ein Autodidakt, der die typischen Eigenschaften des Selbstversorgers aus kleinen Verhältnissen an den Tag legte: Er war streitbar, mißtrauisch, aufbrausend, witterte Verfolger auch da, wo keine in Sicht waren. Fichte hatte eine zu ihm passende Philosophie entwickelt: Er installierte einen Demiurgen in die Philosophie, dem er den ebenso eingängigen wie rätselhaften Namen *Ich* verpaßte; das Ich, »absolut« gedacht, »setzt« (subjektiviert) den Geist, um ihn, ein für allemal, zur höchsten Objektivität zu führen. Da der Selbsterschaffungsprozeß des Ich jedoch nicht im inneren Bezirk verbleiben kann, muß es ein »Nicht-Ich« aus sich entlassen, sein *Anderes*, Objekt und Welt, ohne die das Denken im Leeren kreist. Hölderlin, von Fichte anfänglich fasziniert, an dem er später »dogmatische« Züge entdeckt, teilt die Grundannahme des deutschen Idealismus, daß die Realität nie so ergiebig zu denken sei, als daß man ihr nicht einen tieferreichenden Ursprung im Idealen zusprechen muß; er möchte das Fundament der Philosophie erweitern: Die Welt, auch die Welt des Ich, so seine Überlegung, hebt nicht mit dem Bewußtsein an, das, ungeachtet seines unverzichtbaren Stands inmitten des Wissens, ein später Hinzugekommenes ist. Eine solche Überlegung beruht auf Erfahrungen, die jeder denkende Mensch machen kann: Sein Bewußtsein spricht ihm zu, steht kaum still, deckt aber nur einen Bruchteil dessen ab, was gewußt werden kann. Das Bewußtsein schwimmt auf einem Meer von Potentialitäten, die noch nicht oder nicht mehr gewußt werden, die vergessen sind oder sich dem Zugriff des Wissens verweigern. Hölderlin geht es um mehr als um den Nachweis der Unzulänglichkeit menschlicher Bewußtseinsleistungen. Seine Vermutung besagt, daß der dem Bewußtsein vorausliegende Grund etwas ist, was sich der Erkenntnis entzieht, ja: entziehen muß. Ein solcher Grund, von Hölderlin als »Seyn« bezeichnet, reicht an den dunklen Ursprung des Lebens heran, an dem sich auch die religiöse Gläubigkeit abmüht und Stärke zu zeigen versucht. Mit dem Begriff Seyn, den Heidegger später aufnimmt und für seine Zwecke umrüstet, glaubt Hölderlin einen Begriff gefunden

zu haben, der sowohl reflektorische als auch ästhetische
Wissensarbeit ermöglicht, ohne das Bewußtsein in die Verlegenheit zu bringen, sich andauernd überheben zu müssen.
Der Versuchung, auch das Seyn noch zu hinterfragen, ist
Hölderlin nicht erlegen, er weiß, daß in der Philosophie wie
im Leben ein Anfang gemacht werden muß. So läßt er es,
dankenswerterweise, beim Seyn bewenden, das er sich aus
einer »Ur-Teilung« entstanden vorstellt, die bewußtseins-
schaffende Wirkung hat und anschließend, warum auch immer, in Selbstbewußtsein übergeht, dem wir, vermutlich, bis
auf den heutigen Tag unseren Hang zum Unglücklichsein
verdanken. Insgesamt allerdings, und das kann Hölderlin
fast erleichtert feststellen, ist die Philosophie weniger geeignet, mit Seyn und Bewußtsein auf erhebende Weise umzugehen als die Poesie. Bevor er sich zu dieser Einsicht
durchringt, hat er indes zu kämpfen: Mehr noch als an der
Philosophie zweifelt er an sich selbst. Es kommt ihm so vor,
als betreibe er sein Denken nicht ernsthaft genug. Zudem
kennt er seine psychischen Schwächen, seine Stimmungs-
abhängigkeit, seinen Hang zu untergründiger Trauer und auf-
flammender Euphorie. All das steht einem geordneten Philosophieren im Wege. Seine ganze Person, der Mensch, der
er zu sein meint, wird damit in Frage gestellt, was er, zu diesem Zeitpunkt, nicht zu weit, ins Bodenlose, treiben will. Er
entschließt sich zu einer Entscheidung, die gegen die Philosophie und für die Dichtkunst ausfällt. Begründen läßt sich
diese Entscheidung nicht, wohl aber, in rückwirkender Ver-
gegenwärtigung, als ein Glaubenssprung verstehen, der seine Richtigkeit hat und nicht mehr in Abrede zu stellen ist.
Philosophie, so deutet es Hölderlin im nachhinein und sieht
damit bereitwillig von den inneren Kämpfen ab, die er zu
durchstehen hatte, diente der geistigen Sammlung, sie öffnete sich ihm wie ein »Hospital, wohin sich jeder auf meine
Art verunglückte Poet mit Ehren flüchten kann«. Allerdings

geht es streng zu in diesem Hospital, der Patient wird unter
Aufsicht gestellt; Visiten und Krankenbefund hat er ergeben
hinzunehmen. Philosophie, als Lehr- und Heilmittel ver-
abreicht, erweist sich als »Tyrannin«, und Hölderlin stellt resignierend fest: »Ich dulde ihren Zwang mehr, als daß ich
mich ihm freiwillig unterwerfe«.[14] Schließlich mag er von
der Zwangsveranstaltung Philosophie nichts mehr wissen,
er geht auf Distanz. Ein Philosoph, der den Beschaffungs-
dienstplan der Wahrheit nur zu gern erfüllt, wird sich nicht
vorkommen wie in Ordnungshaft genommen; der Dichter jedoch, der auf »ästhetischen Sinn« setzt, welchem er mehr zu-
traut als dem Bestimmungsdiktat der Vernunft, kann nicht
aus seiner Haut. Im Rückblick hat Hölderlin seinen Abgang
von der Philosophie, ein wenig beschönigend, weil der
Adressat seines Briefes die frömmelnde Mutter war, so zu-
sammengefaßt: »Ich weiß jetzt so viel, daß ich tiefen Unfrie-
den und Mißmut unter anderm auch dadurch in mich gebracht habe, daß ich Beschäftigungen, die meiner Natur
weniger angemessen zu sein scheinen, z. B. die Philosophie,
mit überwiegender Aufmerksamkeit und Anstrengung betrieb, und das aus gutem Willen, weil ich vor dem Namen
eines leeren Poeten mich fürchtete. Ich wußte lange nicht,
warum das Studium der Philosophie, das sonst den hartnäk-
kigen Fleiß, den es erfordert, mit Ruhe belohnt, warum es
mich, je uneingeschränkter ich mich ihm hingab, nur immer
um so friedensloser und selbst leidenschaftlich machte; und
ich erkläre es mir jetzt daraus, daß ich mich in höherm
Grade, als es nötig war, von meiner eigentümlichen Neigung
entfernte, und mein Herz seufzte bei der unnatürlichen
Arbeit nach seinem lieben Geschäfte, wie die Schweizer-
hirten im Soldatenleben nach ihrem Tal und ihrer Herde sich
sehnen. Nennen Sie das keine Schwärmerei! Denn darum bin
ich denn friedlich und gut, wie ein Kind, wenn ich ungestört
mit süßer Muße dies unschuldigste aller Geschäfte treibe,

das man freilich, und dies mit Recht, nur dann ehrt, wenn es meisterhaft ist, was das meine vielleicht auch aus dem Grunde noch lange nicht ist, weil ich's vom Knabenalter an niemals in eben dem Grade zu treiben wagte wie manches andre, was ich vielleicht zu gutmütig gewissenhaft meinen Verhältnissen und der Meinung der Menschen zulieb trieb. Und doch erfordert jede Kunst ein ganzes Menschenleben, und der Schüler muß alles, was er lernt, in Beziehung auf sie lernen, wenn er die Anlage zu ihr entwickeln und nicht am Ende gar ersticken will.«[15]

Ende Mai 1795 verläßt Hölderlin Jena, nachdem er zuvor schon die Hauslehrerstelle im Hause Kalb aufgeben mußte. Sein Abgang erscheint wie eine Flucht, für die es vermutlich andere, dramatischere Gründe gab als seine Unzufriedenheit mit der Philosophie. Beim Versuch, das Undenkbare zu denken, ist er über eine Grenze gegangen, die jedem Denken, aus gesundheitserhaltenden Gründen, gezogen wird. Hölderlin kommt es so vor, als hätte er den Himmel berührt, der dies übel nimmt und sich, wie zur Strafe, in seinen Kopf absenkt, wo er »eisern« wie eh und je Bewußtseinsgröße annimmt – ein großangelegtes Täuschungsmanöver, das kleinlich endet, Stunde um Stunde, Tag für Tag, bis auf die ursprünglich gestellte Frage nur noch Schmerz antwortet, und der kann – nichts sagen. Sagen will auch Hölderlin nichts, wenn er nach seiner Flucht gefragt wird: »Der Nachhall aus Jena tönt noch zu mächtig in mir«, schreibt er im Februar 1796 aus Frankfurt, »und die Erinnerung hat noch zu große Gewalt, als daß die Gegenwart mir heilsam werden könnte. Verschiedene Linien verschlingen sich in meinem Kopf, und ich vermag sie nicht zu entwirren. Für ein kontinuierliches Arbeiten ... bin ich noch nicht gesammelt genug«. Und doch hat er die Hoffnung, sich noch einmal selbst befreien zu können, er will »das Prinzip finden, das mir die Trennungen, in denen wir denken und existieren, erklärt, das aber auch vermögend ist, den Widerstreit verschwinden zu machen, den Widerstreit zwischen dem Subjekt und dem Objekt, zwischen unserm Selbst und der Welt, ja auch zwischen Vernunft und Offenbarung, theoretisch, in intellektualer Anschauung, ohne daß unsere praktische Vernunft zur Hilfe kommen müßte.«[16] Die Hoffnung trügt, Hölderlins Leben ist kälter geworden. An Schiller schreibt er: »Maladie und Verdruß hinderten mich, das, was ich wünschte, auszuführen ... Ich fühle nur zu oft, daß ich eben kein seltner Mensch bin. Ich friere und starre in den Winter, der mich umgibt. So eisern mein Himmel ist, so steinern bin ich.«[17]

Johann Gottlieb Fichte, den Hölderlin kannte, ohne in Jena zu ihm vordringen zu können, sah sich als mutiger, mit Eigennutz aufwiegelnder Erneuerer der Philosophie, war aber schon bald nicht mehr auf der Höhe, auch nicht auf der Höhe seines Ruhmes. Er hatte gehen müssen, glaubte er, weil man sich gegen ihn verschwor; eine Meinung, die sonst kaum einer teilte. Daraufhin wurde er noch wachsamer, er reagierte wie ein Türsteher, der seine Einlaßkontrolle so rigoros handhabt, daß er am Ende allein dasteht und sich wundert. Über die vergeblichen Versuche, sich seiner Verleumder zu erwehren, wurde er schließlich krank und starb – ein Schicksal, wie es, nicht nur unter gebildeten Menschen, häufiger vorkommt. – Aus der Zeit, als es ihm noch besser ging, berichtet eine nachgereichte Geschichte, die nicht sehr respektvoll ist. Sie sei trotzdem erzählt.

Nach einer angenehmen Nacht saß Fichte am Frühstückstisch, wo er auf den Kaffee, seine Jenaer Allerweltskrimbel, eine von ihm geschätzte örtliche Backwarenspezialität, und das obligate weichgekochte Ei wartete. Eine milde Herbstsonne schien ins Zimmer, und Fichte, noch in der Vergegen-

wärtigung der vergangenen Nacht begriffen, notierte auf dem Rande der Zeitung von gestern: »Dieser Trieb, mit dem Unvergänglichen vereinigt zu werden und zu verschmelzen, ist die innigste Wurzel alles irdischen Seins.« Als das Frühstück jedoch auf sich warten ließ, kam ihm die gute Laune zusehends abhanden. »Johanna! Wann denn?« rief er mehrere Male zur Küche herüber, und seine Frau antwortete ihm: »Gleich!« –, was ihm als Auskunft keineswegs genügte. Eine Anmaßung, bester Dinge zu sein! dachte er. Gerade ich sollte doch wissen, daß es längst nicht mehr gesittet zugeht auf der Welt. Die akademische Jugend, im besonderen die sogenannten studentischen Verbindungen gaben inzwischen zu den schlimmsten Befürchtungen Anlaß; erst kürzlich hatte eine unerkannt gebliebene Abordnung dieser verrohten Konventikel ihm, dem hochgerühmten Philosophen, im Schutze der Nacht ein paar Backsteine ins Fenster gepfeffert, nur weil er, Fichte, es gewagt hatte, das schändliche Treiben der Verbindungsburschen zu geißeln, denen Raufhändel und derbe Amouren mehr bedeuteten als das Studium schwer ergründlicher Wahrheiten. Und hatte nicht er, Fichte, als kräftiger Gegenwind ihm durch die lädierten Scheiben blies, in heiligem Zorn an den Weimarer Minister Goethe geschrieben und sich heftig darüber beklagt, daß er und die Seinen »dem Mutwillen böser Buben preisgegeben« würden und sich »ärger« behandelt fühlen müßten »als die schlimmsten Missetäter«. »Johanna! Wann denn – endlich«, rief er abermals, mittlerweile merklich erzürnt. In diesem Augenblick warf man ihm – eine von Fichte schon häufig gerügte Unsitte des Postboten – drei Briefe durchs Fenster. Dieser faule Strick nutzte aus, daß die Scheiben im Hause des Philosophen immer noch nicht ersetzt worden waren. Einer der Briefe, die Fichte vom Boden aufnahm, war von Goethe; endlich, dachte er, bequemt sich der Herr Minister zu einer Antwort – und endlich erschien auch seine Frau mit dem Frühstück. »Es hat etwas länger gedauert«, sagte sie. »In der Tat!«

antwortete Fichte und widmete sich der Lektüre des Briefes. »Sie, geehrter Herr«, stand da zu lesen, »haben also das absolute Ich in großer Verlegenheit gesehen, und freilich ist es von den Nicht-Ichs, die man doch gesetzt hat, sehr unhöflich, durch die Scheiben zu fliegen. Es geht ihm aber wie dem Schöpfer und Erhalter aller Dinge, der, wie uns die Theologen sagen, auch mit seinen Kreaturen nicht fertig werden kann.« »Laß es dir schmecken«, sagte seine Frau. »Nein!« rief Fichte und sprang auf. »Das kann mir nicht schmecken!« Er stürzte davon, ließ sein Frühstück stehen und die Frau sitzen; bis auf weiteres war ihm fast alles vergangen. – Am Abend, tagsüber hatte er sich mißmutig an der Universität herumgedrückt und seine Studenten mit bitterbösen Blicken traktiert, befiel ihn auf dem Nachhauseweg ein ungewöhnlicher Durst. Ein Bier, dachte er, ein Bier, das ordinärste aller Rauschmittel, könnte mir jetzt guttun. Kurzentschlossen ging er in eine Wirtschaft. Fichte trank im Stehen, und nachdem er seinen Humpen geleert hatte, gab er Anweisung für Nachschub zu sorgen. Neben ihm stand ein baumlanger Kerl, ein Lastenmann oder Handwerker, auf jeden Fall ein unverschämter Geselle, der auf den vergleichsweise klein gewachsenen Philosophen durchaus mokant herabäugte und plumpe Anzüglichkeiten verbreitete, die Fichte im Lärm der Schankstube allerdings nicht recht verstand. Kerl, ich beutel dich, bis dir Hören und Sehen vergeht! dachte der Philosoph, der den Blick des Provokateurs nicht erwiderte und sich der wohltuenden Wirkung des Biers hingab, das Mut in ihm aufbrachte und unaufdringliche Stärke. »Den Lümmel will ich Manieren lehren«, sprach Fichte, was außer ihm niemand hören konnte. »Ich werde ihn aus dem Wirtshaus prügeln und durch die Gassen jagen wie einen Hund!« Er trank sein Bier aus, zahlte und ging. Draußen atmete er tief durch und begann, nicht mehr so sicher ausschreitend wie sonst, seinen Heimweg. »Wer die Lessingschen Fehden erneuert sehen will, der reibe sich an mir«, murmelte er, und der so unerfreulich begonnene Tag kehrte sich ihm in der Nacht doch noch zu – im behaglichsten Einvernehmen. Ja, nun steigerte er sich sogar ins Gewaltige hinein, er schritt aus und befeuerte sich selbst. »Ich weiß überall von keinem Sein und auch nicht von meinem eigenen«, rief er übermütig. »Es ist kein Sein! Ich selbst weiß überhaupt nichts und bin nicht. Bilder sind: Sie sind das einzige, was da ist, und sie wissen von sich, nach Weise der Bilder; Bilder, die vorüberschweben, ohne daß etwas sei, dem sie vorüberschweben, die durch Bilder von den Bildern zusammenhängen, Bilder, ohne etwas in ihnen Abgebildetes ...« »Ruhe!« brüllte jemand aus einem geöffneten Fenster. »Selber Ruhe!« brüllte Fichte zurück. »Ohne Bedeutung und Zweck! Ich selbst bin nämlich eins dieser Bilder; ja, ich bin selbst dies nicht, sondern nur ein verworrenes Bild von den Bildern. Alle Realität verwandelt sich in einen wunderbaren Traum, ohne ein Leben, von welchem geträumt wird ...«

»Ich bin seit einiger Zeit sehr stille über alles, was unter uns vorgeht.«
    Hölderlin[18]

»Das Lebendige in der Poesie ist jetzt dasjenige, was am meisten meine Gedanken und Sinne beschäftigt. Ich fühle so tief, wie weit ich noch davon bin, es zu treffen, und dennoch ringt meine ganze Seele danach und es ergreift mich oft, daß ich weinen muß wie ein Kind, wie ich um und um fühle, wie es meinen Darstellungen an einem und dem andern fehlt, und ich doch aus den poetischen Irren, in denen ich mich herumwandele, mich nicht herauswinden kann. Ach! die Welt hat meinen Geist von früher Jugend an in sich zurückgescheucht, und darum leid' ich noch immer … Aber ich kann von meiner ersten Liebe, von den Hoffnungen meiner

Jugend nicht lassen, und ich will lieber verdienstlos unter-
gehen, als mich trennen von der süßen Heimat der Musen,
aus der mich bloß der Zufall verschlagen hat … Ich fürchte,
das warme Leben in mir zu erkälten an der eiskalten Geschichte des Tags, und diese Furcht kommt daher, weil ich
alles, was von Jugend auf Zerstörendes mich traf, empfind-
licher als andre aufnahm …«

Hölderlin[19]

LOB DER GELASSENHEIT

»Martin Heidegger ist der große Meister des Staunens, der Mann, dessen Verwunderung vor der bloßen Tatsache, daß wir *sind,* dem Offensichtlichen ein strahlendes Hindernis in den Weg gelegt hat. Sein Denken ist es, das eine auch nur vorübergehende Herablassung gegenüber der Tatsache der Existenz unverzeihlich macht. Auf der Waldlichtung, zu der seine kreisenden Wege führen, auch wenn sie sie nicht erreichen, hat Heidegger die Einheit von Denken und von Dichtung, von Denken, von Dichtung und von jenem höchsten Akt sterblichen Stolzes und Feierns, welcher Danken ist, gefordert. Es gibt geringere Lebensmetaphern.«

George Steiner[20]

Martin Heidegger wird am 26. September 1889 in Meßkirch am Südrand der Schwäbischen Alb geboren. Die Eltern sind einfache Leute, der Vater ist Küfermeister und betätigt sich als Mesner. Frühzeitig wird die Begabung des kleinen Martin erkannt: Dank eines Stipendiums der katholischen Kirche, von der er sich später lossagt, kann er das Erzbischöfliche Gymnasialkonvikt in Konstanz besuchen. Sein Abitur legt Heidegger 1909 am Berthold-Gymnasium in Freiburg ab. Er studiert zunächst Theologie, dann Philosophie, Geistes- und Naturwissenschaften. 1913 promoviert er; zwei Jahre später bereits wird er habilitiert. Eine außergewöhnliche Karriere zeichnet sich ab: Heidegger, ein kleingewachsener Mann mit großen Fähigkeiten, überragt den gewöhnlichen Lehrkörper der Philosophie. 1923 wird er auf ein

Extraordinariat an die Universität Marburg berufen, wo er
bis 1928 bleibt – es ist dies der einzige längere Aufenthalt
außerhalb des Bezirks seiner näheren Heimat, die der Philosoph selbst, mit ironischem Unterton, als Provinz bezeichnet. 1927 erscheint Heideggers berühmtestes Buch *Sein und
Zeit*, das eine Diskussion auslöst, die über philosophische
Fachkreise hinausreicht. Ein Jahr später ernennt man ihn
als Nachfolger des allseits geschätzten Edmund Husserl
zum Ordinarius für Philosophie an der Universität Freiburg.
In einer Zeit, in der Krisenängste und Existenzängste an der
Tagesordnung sind, findet Heideggers Annäherung an den
Nationalsozialismus statt. Im April 1933 wird er zum Rektor
der Universität Freiburg erwählt und übernimmt damit ein
Amt, das er ein Jahr später bereits wieder niederlegt. Die
Antrittsrede des neuen Rektors, die er in der Aula hält, steht
unter dem Thema »Die Selbstbehauptung der deutschen Universität«, was sich unverfänglicher anhört als es ist, denn
von Selbstbehauptung kann inzwischen keine Rede mehr
sein. Im Jargon der herrschenden Ideologie beschwört Heidegger den Geist einer machtvoll formierten Aufbruchstimmung, die straffe Führung verlangt, gerade auch im Bereich
von Kultur und Wissenschaft: »Die Übernahme des Rek-
torats ist die Verpflichtung zur geistigen Führung dieser
hohen Schule. Die Gefolgschaft der Lehrer und Schüler er-
wacht und erstarkt allein aus der wahrhaften und gemein-
samen Verwurzelung am Wesen der deutschen Universität.
Dieses Wesen aber kommt erst zu Klarheit, Rang und Macht,
wenn zuvörderst und jederzeit die Führer selbst Geführte
sind – geführt von der Unerbittlichkeit jenes geistigen Auftrags, der das Schicksal des deutschen Volkes in das Gepräge
seiner Geschichte zwingt ...«[21]
Heideggers Distanzierung vom Nationalsozialismus
vollzieht sich womöglich früh, wird aber, sehr zum Miß-
vergnügen seiner Verehrer, nie recht öffentlich gemacht. Es

kommt, wie es kommen muß: Nach Kriegsende erhält Heidegger Lehrverbot, das bis zum Jahr 1951 gilt – danach darf er wieder Vorlesungen halten. Der Makel jedoch, der auf seiner, durch einige charakterliche Schäbigkeiten zusätzlich verunzierten Biographie liegt, bleibt; an ihm haben sich, bis auf den heutigen Tag, vor allem die moralisch Besserverdienenden gerieben, mit deren Selbstsicherheit, ja Selbstgerechtigkeit nicht zu spaßen ist. Trotzdem oder vielleicht gerade deswegen ist Heideggers Ruhm in der Nachkriegszeit kontinuierlich gewachsen. – Der Philosoph, schon immer ein immens fleißiger Kopfarbeiter, lebt zurückgezogen in Freiburg und auf seiner Hütte in Todtnauberg, die er so beschreibt: »Am Steilhang eines weiten Hochtales des südlichen Schwarzwaldes steht in der Höhe von 1150 m eine kleine Skihütte. Im Grundriß mißt sie 6 zu 7 Meter. Das niedere Dach überdeckt drei Räume: die Wohnküche, den Schlafraum und eine Studierzelle. In der engen Talsohle verstreut und am gleich steilen Gegenhang liegen breit hingelagert die Bauernhöfe mit dem großen überhängenden Dach. Den Hang hinauf ziehen die Matten und Weideflächen bis zum Wald mit seinen alten, hochragenden ... Tannen. Das ist meine Arbeitswelt – gesehen mit den *betrachtenden* Augen des Gastes.«[22]

Als sich die Stürme seines Lebens legten, die er größtenteils selber mit verursacht hatte, fand Heideggers Denken zu einer Einfachheit zurück, die mit Lebensweisheit zu tun hat – der ruhigen Betrachtung dessen, was ist, und der nachdenklichen Besinnung auf die Konsequenzen unseres Tun und Lassens. Der Resonanzboden für dieses Denken, das besonders in seiner Spätphilosophie Ausdruck fand, blieb die Heimat, jene vertraute Landschaft, deren Überzeugungskraft aus ihrem unaufdringlichen Vorhandensein erwächst: »Ich selbst betrachte die Landschaft gar nie. Ich erfahre ihren stündlichen, täglich-nächtlichen Wandel im großen

Auf und Ab der Jahreszeiten. Die Schwere der Berge und die
Härte ihres Urgesteins, das bedächtige Wachsen der Tannen,
die leuchtende, schlichte Pracht der blühenden Matten, das
Rauschen des Bergbaches in der weiten Herbstnacht, die
strenge Einfachheit der tiefverschneiten Flächen, all das
schiebt sich und drängt sich und schwingt durch das tägliche
Dasein dort oben. – Und das wiederum nicht in gewollten
Augenblicken einer genießerischen Versenkung und künst-
lichen Einfühlung, sondern nur, wenn das eigene Dasein in
seiner *Arbeit* steht. Die Arbeit *öffnet* erst den Raum für diese
Bergwirklichkeit. Der Gang der Arbeit bleibt in das Geschehen der Landschaft eingesenkt. Wenn in tiefer Winternacht
ein wilder Schneesturm ... um die Hütte rast und alles ver-
hängt und verhüllt, *dann* ist die hohe Zeit der Philosophie.
Ihr Fragen muß dann einfach und wesentlich werden. Die
Durcharbeitung jedes Gedankens kann nicht anders denn
hart und scharf sein. Die Mühe der sprachlichen Prägung
ist wie der Widerstand der ragenden Tannen gegen den
Sturm.«[23]

Heidegger verstand es, Weltläufigkeit und Bodenständigkeit zusammenzudenken. Er sah sich als Sachwalter der
abendländischen Philosophie, die er neu entdeckte und gegen den Strich las. Aus der Tradition auch bezog er die Maßstäbe seiner Kritik an der Moderne, die er grundsätzlich in
Zweifel zog. Dabei hatte er den Mut zur Verständlichkeit; er
wollte den nachdenklichen, den unverbildeten Menschen ansprechen – nicht unbedingt den Berufsphilosophen, auf den
er ohnehin nicht gut zu sprechen war. Heidegger hat daher
immer wieder kleinere Arbeiten veröffentlicht, die sich in
bewußt einfach gehaltener Sprache an ein größeres Publi-
kum wenden. Dieser, wenn man so will, popularphilosophi-
sche Aspekt seines Werks ist nicht zu unterschätzen, ja hat
sich im Lauf der Zeit, gerade im Hinblick auf moderne und
postmoderne Defizite, als ungeahnt wichtig erwiesen. Er

steht in Zusammenhang mit der bereits erwähnten Heimat-
verbundenheit Heideggers, die zwar in einigen sprachlichen
Wendungen Anklänge an ungute Volkstümeleien erahnen
läßt, ansonsten aber im Bannkreis eines durchaus respek-
tablen Wunschdenkens steht, das vom Naturgegebenen aus-
geht und mit Notwendigkeiten umzugehen weiß: »Die philosophische Arbeit verläuft nicht als abseitige Beschäftigung
eines Sonderlings. Sie gehört mitten hinein in die Arbeit der
Bauern ... Meine Arbeit ist von derselben Art. – Der Städter
meint, er ginge ›unter das Volk‹, sobald er sich mit einem
Bauern zu einem langen Gespräch herabläßt. Wenn ich ...
abends mit den Bauern auf der Ofenbank sitze oder am Tisch
im Herrgottswinkel, dann reden wir meist gar nicht. Wir
rauchen schweigend unsere Pfeifen. Zwischendurch vielleicht fällt ein Wort ... Die innere Zugehörigkeit der eigenen
Arbeit zum Schwarzwald und seinen Menschen kommt aus
einer jahrhundertelangen, durch nichts ersetzbaren aleman-
nisch-schwäbischen Bodenständigkeit.«[24] Was Heidegger an
seiner Heimat erfuhr, war ein Zuspruch der besonderen Art.
Ihn hat er, an anderer Stelle, als den »Zuspruch des Feldweges« bezeichnet. Den Feldweg gab es und gibt es tatsächlich: Er verläuft in Heideggers Geburtsort Meßkirch und geleitet den Spaziergänger aus dem Hofgarten des Meßkircher
Schlosses hinaus ins Freie, das inzwischen allerdings zurück-
gedrängt wurde. Der Feldweg, früher noch naturbelassen, ist
heute eine betonierte Straße, die am Gymnasium Meßkirch
vorbeiführt, das mittlerweile Martin-Heidegger-Gymna-
sium heißt. Das Erlebnis, das der Philosoph mit dem Feldweg
verband, ist von zeitloser Gültigkeit; es kann als Bild genommen werden für den Gang des Denkens in vertrauter, zur
Natur hin offengehaltener Umgebung, die Anklänge bereit-
hält für eine ursprüngliche Gewißheit: »Wenn die Rätsel einander drängten und kein Ausweg sich bot, half der Feldweg.
Denn er geleitet den Fuß auf wendigem Pfad still durch die

Weite des kargen Landes. – Immer wieder geht zuweilen das
Denken in den gleichen Schriften oder bei eigenen Versuchen auf dem Pfad, den der Feldweg durch die Flur zieht
... Was um den Weg sein Wesen hat, sammelt er ein und trägt
jedem, der auf ihm geht, das Seine zu ... Immer und von
überall her steht um den Feldweg der Zuspruch des Selben:
Das Einfache verwahrt das Rätsel des Bleibenden und des
Großen. Unvermittelt kehrt es bei den Menschen ein und
braucht doch ein langes Gedeihen. Im Unscheinbaren des
immer Selben verbirgt es seinen Segen. Die Weite aller gewachsenen Dinge, die um den Feldweg verweilen, spendet
Welt. Im Ungesprochenen ihrer Sprache ist, wie der alte
Lese- und Lebemeister Eckehardt sagt, Gott erst Gott.«[25]
Als Heidegger 1949 seine Gedanken über den Feldweg
niederschrieb, sah er bereits voraus, was heute Wirklichkeit
geworden ist: Das Offene einer Landschaft, in der die Ge-
heimnisse des Ursprungs noch in tätiger Bewahrung stehen,
ist überall gefährdet oder längst Stein und Beton geworden.
Die maßlose Selbstüberschätzung des Menschen, der sich
zum Architekten des Weltgebäudes aufgeschwungen hat,
wird begleitet von einer Abfolge gleichförmiger Katastro-
phenmeldungen, an die man sich gewöhnt. Die Natur, einst
ein blühender Garten, verkommt unter dem Zugriff der vor-
geblich Gutwilligen; die Erde als Ganzes ist zum global ver-
hunzten Aufenthaltsort geworden, an den man sich, wenn
überhaupt, dereinst noch erinnern wird wie an ein sehnsüchtig stimmendes Museumsstück, dem keine Realität
mehr entspricht. Wer verlernt hat, auf das Einfache zu achten, dem muß es von Grund auf mißlingen, im Komplizierten
Herr zu werden – der Zuspruch des Feldweges, sehr viel
leiser geworden mit den Jahren, ist noch zu vernehmen, aber
er wird verstummen, wenn er letztlich doch unbeachtet
bleibt: »Der Zuspruch des Feldweges spricht nur so lange,
als Menschen sind, die ... ihn hören können. Sie sind Hörige

ihrer Herkunft, aber nicht Knechte von Machenschaften. Der Mensch versucht vergeblich, durch sein Planen den Erdball in eine Ordnung zu bringen, wenn er nicht dem Zuspruch des Feldweges eingeordnet ist. Die Gefahr droht, daß die Heutigen schwerhörig für seine Sprache bleiben. Ihnen fällt nur noch der Lärm der Apparate, die sie fast für die Stimme Gottes halten, ins Ohr. So wird der Mensch zerstreut und weglos. Den Zerstreuten erscheint das Einfache einförmig. Das Einförmige macht überdrüssig. Die Verdrießlichen finden nur noch das Einerlei. Das Einfache ist entflohen. Seine stille Kraft ist versiegt.«[26] Man muß etwas dafür tun, um angesprochen zu werden; der Zuspruch des Feldwegs ist noch vorhanden, aber er kommt nicht mehr von selbst. Der Mensch sollte sich weniger mit der Zukunftsmusik beschäftigen, die ihm über seinen Kopf hinweg ständig vorgespielt wird, sondern sich auf seinen Ursprung besinnen, der in jenem wohltuenden Dunkel liegt, aus dem jedes Wissen erst hervorgeht und in das es, eines Tages, wieder zurückfallen muß. Was auf dem Feldweg erfahren werden kann, ist eine Andächtigkeit, die den Menschen nicht kleiner macht, als er ist – sie stutzt nur seine Ansprüche zurecht, bringt ihn von der Maßlosigkeit zurück zum rechten Maß. Sein Wissen wird bodenständig und ruht, von Grund auf gefestigt, in sich selbst: »Der Zuspruch des Feldweges erweckt einen Sinn, der das Freie liebt und auch die Trübsal noch an der günstigsten Stelle überspringt in eine letzte Heiterkeit. Sie wehrt dem Unfug des nur Arbeitens, der, für sich betrieben, allein das Nichtige fördert ... Die wissende Heiterkeit ist ein Tor zum Ewigen. Seine Tür dreht sich in den Angeln, die aus den Rätseln des Daseins bei einem kundigen Schmied einst geschmiedet worden ... Die Stille wird noch stiller. Das Einfache ist noch einfacher geworden. Das immer Selbe befremdet und löst. Der Zuspruch des Feldweges ist jetzt ganz deutlich. Spricht die Seele? Spricht die

Welt? Spricht Gott? – Alles spricht den Verzicht in das Selbe. Der Verzicht nimmt nicht. Der Verzicht gibt. Er gibt die unerschöpfliche Kraft des Einfachen. Der Zuspruch macht heimisch in einer langen Herkunft.«[27] Man könnte diese Sätze Heideggers, für sich genommen, als Botschaft aus der Provinz mißverstehen, in der, ein wenig verschwommen und hilflos, beschworen wird, was unserer Zeit verlorengegangen ist. Heidegger indes ging es um mehr als um einen gutgemeinten Aufruf zur Besinnung: Er gedachte, auch von Nebenwegen und vom Einfachen her, die gesamte bisherige Philosophiegeschichte umzuschreiben, die, spiegelbildlich zum sogenannten wirklichen Leben, der »Seinsvergessenheit« anheimgefallen ist. Von den Ursprüngen des abendländischen Denkens, die Heidegger in der frühen griechischen Philosophie begründet sah, hat sich die herrschende Vernunft ganz und gar entfernt; der Mensch gefällt sich als Meister der Wissenschaften, die keinen sachfremden Zuspruch mehr benötigen, sondern sich nur noch am Ideal des Machbaren orientieren. Das hat zu unerträglicher Anmaßung geführt, aber auch zu quälenden Zweifeln. Der moderne Mensch ist, weit mehr als alle seine Vorgänger, uneins mit sich selbst; zwischen dem unglücklichen Ich und einer abgerichteten Welt existieren die Verbindungen bloßer Habgier. Bei den alten Griechen jedoch gab es noch keine erkenntnisfördernde Trennung zwischen Subjekt und Objekt; der Mensch stand im Offenen des Seins, und was in ihm zum Sagen kam, war die dem Seienden selbst zugemutete Wahrheit: »Wenn wir jetzt und später auf Worte der griechischen Sprache hören, dann begeben wir uns in einen ausgezeichneten Bereich. Langsam dämmert nämlich für unsere Besinnung, daß die griechische Sprache keine bloße Sprache ist wie die uns bekannten europäischen ... Für den Beginn genüge der Hinweis, daß in der griechischen Sprache das in ihr Gesagte auf eine ausgezeichnete Weise zugleich das ist, was das Gesagte nennt. Wenn wir ein griechisches Wort griechisch hören, dann folgen wir seinem *legein*, seinem unmittelbaren Darlegen. Was es darlegt, ist das Vorliegende. Wir sind durch das ... gehörte Wort unmittelbar bei der vorliegenden Sache selbst, nicht zunächst bei einer bloßen Wortbedeutung.«[28] Hatte Heidegger als junger Philosoph noch den Befindlichkeiten des Menschen nachgespürt, der sich zwischen Angst und Sorge, Lebensentwurf und Sterbensgewißheit immer wieder neu erfinden muß, so nimmt seine Spätphilosophie eine Kehrtwendung vor: Der Mensch, eingeengt durch die eigenen Machenschaften, wird zur Bescheidenheit verpflichtet; er soll Zuhörender, Nachdenkender, Vernehmender sein, er soll das »Ungedachte im Gedachten« denken und zum »Hirten« des einen geheimnisvollen Seins werden. Das Sein aber ereignet sich nur dort, wo es seine Entsprechung findet – an einem Ort der Wahrheit etwa, den Heidegger als »Lichtung« bezeichnet: »Das Licht ... kann in die Lichtung, in ihr Offenes, einfallen und in ihr die Helle mit dem Dunkel spielen lassen. Aber niemals schafft das Licht erst die Lichtung, sondern jenes, das Licht, setzt diese, die Lichtung, voraus. Indes ist die Lichtung, das Offene, nicht nur frei für Helle und Dunkel, sondern auch für Hall und das Verhallen, für das Tönen und das Verklingen. Die Lichtung ist das Offene für alles An- und Abwesende ...«[29]

Heidegger verstand es, seine Philosophie, zumindest im Blick auf das Große und Ganze, in der ihr angemessenen Unentschiedenheit zu halten; im kleinen jedoch, bei den Fragen nach einer sinnvollen, vom Nachdenken angeleiteten Lebensführung beispielsweise, zeigte sie Mut und wagte einfache, gelegentlich naiv anmutende Antworten. Obwohl das Geheimnis des Seins auch von Heidegger nicht wirklich entschlüsselt wurde, hat er sachdienliche Hinweise gegeben, wie man es sich, vor jeder Beschreibung, denken könnte:

»Alles Seiende ist im Sein. Solches zu hören, klingt für unser Ohr trivial, wenn nicht gar beleidigend. Denn darum, daß das Seiende in das Sein gehört, braucht sich niemand zu kümmern. Alle Welt weiß: Seiendes ist solches, was ist ... Und dennoch: gerade dies, daß das Seiende im Sein versammelt bleibt, daß im Scheinen vom Sein das Seiende erscheint, dies setzte die Griechen, und sie zuerst und sie allein, in das Erstaunen ... Doch das Sein – was ist das Sein? Es ist es selbst. Dies zu erfahren und zu sagen, muß das künftige Denken lernen. Das ›Sein‹ – das ist nicht Gott und nicht ein Weltgrund. Das Sein ist weiter denn alles Seiende und ist gleichwohl dem Menschen näher als jedes Seiende, sei dies ein Fels, ein Tier, ein Kunstwerk, eine Maschine, sei es ein Engel oder Gott. Das Sein ist das Nächste. Doch die Nähe bleibt dem Menschen am weitesten ... Zugleich mit dem Aufbruch des Menschen in das Sein geschieht das Sich-finden in das Wort, die Sprache.«[30]

Ein Aspekt von Heideggers Denken ist heute noch immer akut, ja zwischenzeitlich noch wichtiger geworden: seine Technik- und Apparatekritik. Heidegger erkannte früh, daß der Mensch die maschinellen Geister, die er rief, nicht mehr los wird – er läßt sich von ihnen unterdrücken, ohne es recht zu merken. Freiheit wird somit zu einer trügerischen, am Dienstbarmachen der Welt orientierten Freiheit, die auch deshalb unecht ist, weil sie sich vom Wesen des Menschen entfernt hat: »Jetzt erscheint die Welt wie ein Gegenstand, auf den das rechnende Denken seine Angriffe ansetzt, denen nichts mehr soll widerstehen können. Die Natur wird zu einer einzigen riesenhaften Tankstelle, zur Energiequelle für die moderne Technik und Industrie. Dieses grundsätzlich technische Verhältnis des Menschen zum Weltganzen entstand zuerst im 17. Jahrhundert, und zwar in Europa und nur in Europa. Es blieb den übrigen Erdteilen lange Zeit unbekannt. Es war den früheren Zeitaltern und Völkerschick-

salen völlig fremd. – Die in der modernen Technik verborgene Macht bestimmt das Verhältnis des Menschen zu dem,
was ist. Sie beherrscht die ganze Erde ... Die Entwicklung
der Technik wird indes immer schneller ablaufen und nirgends aufzuhalten sein. In allen Bereichen des Daseins wird
der Mensch immer enger umstellt von den Kräften der technischen Apparaturen und der Automaten. Die Mächte, die
den Menschen überall und stündlich in irgendeiner Gestalt
von technischen Anlagen und Einrichtungen beanspruchen,
fesseln, fortziehen und bedrängen – diese Mächte sind
längst über den Willen und die Entscheidungsfähigkeit des
Menschen hinausgewachsen ... Dabei ist jedoch das eigentlich Unheimliche nicht dies, daß die Welt zu einer durch
und durch technischen wird. Weit unheimlicher bleibt, daß
der Mensch für diese Weltveränderung nicht vorbereitet ist,
daß wir es noch nicht vermögen, besinnlich denkend in eine
sachgemäße Auseinandersetzung mit dem zu gelangen, was
in diesem Zeitalter eigentlich heraufkommt ...«[31] Die Zeit
drängt, aber noch scheint ein Umdenken möglich. Der
Mensch sollte sich nicht nur auf seine globale Verantwortung besinnen, die der Gesamtheimat Erde gilt, sondern
auch auf die Kraft, die aus dem Vertrauten, aus der Heimat
erwächst, von der Heidegger sagt, daß sie dasjenige ist, »was
uns im Kern unseres Daseins trägt und bestimmt und gedeihen läßt«. Eine solche Besinnung schließt auch den verantwortungsvollen Umgang mit Natur und Technik ein: »Es
wäre töricht, blindlings gegen die technische Welt anzurennen. Es wäre kurzsichtig, die technische Welt als Teufelswerk verdammen zu wollen. Wir sind auf die technischen
Gegenstände angewiesen; sie fordern uns sogar zu einer immerzu steigenden Verbesserung heraus. Unversehens sind
wir jedoch so fest an die technischen Gegenstände geschmiedet, daß wir in die Knechtschaft zu ihnen geraten. – Aber wir
können auch Anderes. Wir können zwar die technischen Ge-

genstände benutzen und doch bei aller sachgerechten Benützung uns von ihnen so freihalten, daß wir sie jederzeit loslassen. Wir können die technischen Gegenstände im Gebrauch so nehmen, wie sie genommen werden müssen. Aber wir können diese Gegenstände zugleich auf sich beruhen lassen als etwas, was uns nicht im Innersten und Eigentlichen angeht. Wir können ›ja‹ sagen zur unumgänglichen Benützung der technischen Gegenstände, und wir können zugleich ›nein‹ sagen, insofern wir ihnen verwehren, daß sie uns ausschließlich beanspruchen und so unser Wesen verbiegen, verwirren und zuletzt veröden ... Unser Verhältnis zur technischen Welt wird« dann »auf eine wundersame Weise einfach und ruhig. Wir lassen die technischen Gegenstände in unsere tägliche Welt herein und lassen sie zugleich draußen, d. h. auf sich beruhen als Dinge, die nichts Absolutes sind, sondern selbst auf Höheres angewiesen bleiben.«[32]

Gemessen an den harschen Urteilen, die über Heidegger im Umlauf sind, mag die Vorstellung, er könne uns, unter anderem, auch als Lebensberater dienen, fast abwegig anmuten. Und dennoch ist von ihm zu lernen: Bescheidenheit etwa, eine Eigenschaft, die er selbst immer dann vermissen ließ, wenn er sich in die Verteidigungshaltung gedrängt sah und die Größe seiner Philosophie in Zweifel gezogen wurde. In Heideggers kleineren Schriften jedoch, die im übrigen auch einen verständlichen Einstieg in sein Denken bieten, wird uns eine Bescheidenheit anempfohlen, die sich aus der wahren Situation des Menschen ergibt. Von ihm, dem Menschen, der sich so gerne überhebt, hat Heidegger nie sehr viel gehalten; er wollte ihn dort haben, wo er einmal war: in »heimischer«, ihm entsprechender Umgebung, die ihm die Möglichkeit beläßt, ganz zu sich selbst zu finden. Gerade dies aber wird von der Hektik des modernen Lebens verhindert, und zwar auf die gedankenloseste Weise: »Die Zeichen ... zeigen, daß die Menschen dort, wo sie von außen gesehen

›wohnen‹, gerade nicht mehr zu Hause sind. Die Menschen werden vielmehr täglich und stündlich fortgezogen in fremde, anlockende, aufreizende, bisweilen auch unterhaltsame und belehrende Bezirke. Diese bieten freilich keinen bleibenden, verläßlichen Aufenthalt; sie wechseln unausgesetzt vom Neuen zum Neuesten. Durch all dies gebannt und fortgezogen, zieht der Mensch gleichsam aus. Er zieht um aus dem Heimischen ins Unheimische. Die Gefahr droht, daß, was einmal Heimat hieß, sich auflöst und verfällt.«[33] Ein solcher Verfall, der den Verlust des Heimischen meint, wird nicht recht auffällig, und doch hat er seine Symptome, deren sichtbarstes die zeitgenössische, reihum grassierende Langeweile ist: »Der Mensch vermag von sich aus und allein mit seiner freien Zeit nichts mehr anzufangen. Was sagt dies? Etwas sehr Merkwürdiges: Daß dem heutigen Menschen, der für nichts mehr Zeit hat, die Zeit, wenn er sie frei hat, sogleich zu lang wird. Er muß die lange Zeit vertreiben, indem er sie verkürzt durch Kurzweil ... Steht es am Ende so mit uns, daß eine tiefe Langeweile in den Abgründen unseres Daseins hin und her zieht wie ein schleichender Nebel? Diese Frage fragen wir ... Denn vermutlich ist es die kaum beachtete Grundstimmung der tiefen Langeweile, die uns in all den Zeitvertreib hineintreibt, den uns das Fremdartige, Aufreizende, Behexende täglich im Unheimischen anbietet. Mehr noch: Vermutlich ist diese tiefe Langeweile – in der Gestalt der Sucht zum Zeitvertreib – der verborgene, uneingestandene, weggeschobene und doch unausweichliche Zug zur Heimat: *das verborgene Heimweh*. Unsere Sprache spricht nachdenklicher, als wir meinen. Unsere Sprache sagt, wenn einer Heimweh hat: ›Er hat lange Zeit‹. Die lange Zeit, die wir haben, ist nichts anderes als die lange Weile, in der uns nichts mehr anspricht, in der jedoch zugleich Jenes gesucht wird, was sich uns in einer Weise zuspricht, die uns ganz beansprucht, so daß die Zeit nie leer bleibt und es keines Zeitvertreibens bedarf.«[34]

Heidegger war ein sehr deutscher Philosoph, der, gerade weil er nicht modern sein wollte, der Moderne einige Wahrheiten ins Stammbuch schrieb, von der sie nicht loskommen sollte. Neu an ihm war auch, daß er die Provinz zu seiner Bühne machte, der er die dazu passenden Lichteffekte besorgte. Der Zuspruch des Feldweges, den man, wie Heidegger vorgeführt hat, auch für die Banalität des Bösen umdeuten kann, muß uns Heutige, die wir geübt darin sind, alles besser zu wissen, trotz allem nicht fremd bleiben. Was wir aus ihm heraushören können, ist, neben seiner eigentlichen Botschaft, die Aufforderung zur *Gelassenheit*. Von ihr, der Gelassenheit, die uns mittlerweile schwerer ankommen mag als die tägliche Angst, sagte Heidegger: »Die Gelassenheit zu den Dingen und die Offenheit für das Geheimnis gehören zusammen. Sie gewähren uns die Möglichkeit, uns auf eine ganz andere Weise in der Welt aufzuhalten ... Vorerst allerdings droht eine Gefahr, daß eines Tages das rechnende Denken als das einzige in Geltung und Übung bliebe ... Dann ginge mit dem höchsten und erfolgreichsten Scharfsinn die Gleichgültigkeit gegen das Nachdenken, die totale Gedankenlosigkeit zusammen ... Dann hätte der Mensch sein Eigenstes, daß er nämlich ein nachdenkendes Wesen ist, verleugnet und weggeworfen. Darum gilt es, dieses Wesen des Menschen zu retten. Darum gilt es, das Nachdenken wachzuhalten. Allein – die Gelassenheit zu den Dingen und die Offenheit für das Geheimnis fallen uns niemals von selber zu. Sie sind nicht Zu-fälliges. Beide gedeihen nur aus einem unablässigen herzhaften Denken.«[35]

DAS ALTE LIED DER DEUTSCHEN

Heidegger widmete sich Hölderlin, nachdem er, in privater Entscheidung, seinen Ausflug in die Politik, zu der auch die Hochschulpolitik zu rechnen war, für gescheitert erklären mußte. Als Rektor hatte er, höflich gesprochen, nicht sehr erfolgreich gewirkt, so daß der Rücktritt die logische Konsequenz einer verfahrenen Situation war, die mit den Mitteln der Philosophie nie und nimmer bewältigt werden konnte. Überhaupt hatte Heidegger sich wohl übertriebene Hoffnungen gemacht: Nun mußte er erkennen, daß die Nationalsozialisten bei weitem nicht das Niveau besaßen, um die geistige Wende durchzuführen, die ihm und anderen vorschwebte. Unter diesen Vorzeichen kam einer wie Hölderlin gerade recht: War der nicht auch ein Enttäuschter gewesen – ein Mensch zudem, der sein Glück, das letztlich nicht von dieser Welt sein konnte, zunächst einmal und wiederkehrend unter den Deutschen suchte, die ihn jedoch ein ums andere Mal enttäuschten. Die Deutschen, so sah man es in den dreißiger Jahren, und so sehen es einige heute noch, neigen nicht nur zur Selbstbespiegelung, zur poetisch verbrämten Wehleidigkeit, sondern sie sind auch mit der Gabe gesegnet, sich selbst eine besondere, zu ihrer angeblichen Lebens- und Arbeitstüchtigkeit kontrastierende Unzufriedenheit, ja Zerrissenheit zuzusprechen. Hölderlin hatte das erkannt, ohne daß seine Hellsichtigkeit ausreichend gewürdigt worden war. Nun wurde man auf ihn aufmerksam, wobei die Literaten um den als Meister und Seher hochstilisierten Dichter Stefan George eine Vorreiterrolle spielten. Sie wirkten tatkräftig daran mit, daß Hölderlin, der zuvor nicht Erkannte,

aus der literarischen Versenkung geholt wurde. Das Bild, das
sie von ihm zeichneten, hatte mit der Wirklichkeit nicht all-
zuviel zu tun, was aber nicht weiter stören mußte; mit Hölderlin war ein Dichter gefunden, den man für die eigenen,
immer ein wenig überbelichteten Visionen beim Wort nehmen konnte. Gern und häufig wurde eine Stelle aus Hölderlins Briefroman *Hyperion* zitiert, die sich mit deutscher We-
sensart befaßt, von der der Dichter keine gute Meinung hat:
»So kam ich unter die Deutschen ... Barbaren von Alters her,
durch Fleiß und Wissenschaft und selbst durch Religion bar-
barischer geworden, tiefunfähig jedes göttlichen Gefühls,
verdorben bis ins Mark zum Glück der heiligen Grazien, in
jedem Grad der Übertreibung und der Ärmlichkeit beleidigend für jede gutgeartete Seele, dumpf und harmonielos,
wie die Scherben eines weggeworfenen Gefäßes – das, mein
Bellarmin! waren meine Tröster. – Es ist ein hartes Wort,
und dennoch sag' ich's, weil es Wahrheit ist: ich kann kein
Volk mir denken, das zerrißner wäre, wie die Deutschen.
Handwerker siehst du, aber keine Menschen, Denker, aber
keine Menschen, Priester, aber keine Menschen, Herrn und
Knechte, Jungen und gesetzte Leute, aber keine Menschen –
ist das nicht, wie ein Schlachtfeld, wo Hände und Arme und
alle Glieder zerstückelt untereinander liegen, indessen das
vergoßne Lebensblut im Sande zerrinnt?«[36] Eine solche Klage, die, von seiten Hölderlins, das Recht der großen Empfin-
dung auf ihrer Seite weiß, ließ sich auf eine Zeit übertragen,
der nicht wenige Gebildete eine ähnliche Diagnose ausstel-
len mochten. Mangelhaftes Gemeinschaftsgefühl, das Fehlen
bedeutender Ziele, kleinkrämerisches Denken, das Her-
umkurieren an unguten Symptomen bejammerte man gern
und wies die Mühen genauerer Analyse von sich. Einig war
man sich, daß alles anders werden mußte; die Frage war nur,
wie. Ein Befreiungsschlag mußte her, eine gewaltige Kraft-
anstrengung, Hilfe zur Selbsthilfe, die darauf zielt, ein dar-

niederliegendes Volk, das weit unter seinen bemerkenswer-
ten Möglichkeiten bleibt, wieder aufzurichten und ihm ein
neues, stolzes Denken beizubringen. Auch das war, mutig
und vage, bereits in Hölderlins *Hyperion* angesprochen worden: »Es ist auf Erden alles unvollkommen, ist das alte Lied
der Deutschen. Wenn doch einmal diesen Gottverlaßnen
einer sagte, daß bei ihnen nur so unvollkommen alles ist,
weil sie nichts Reines unverdorben, nichts Heiliges unbe-
tastet lassen mit den plumpen Händen, daß bei ihnen nichts
gedeiht, weil sie die Wurzel des Gedeihns, die göttliche Natur nicht achten, daß bei ihnen eigentlich das Leben schal
und sorgenschwer und übervoll von kalter stummer Zwie-
tracht ist, weil sie den Genius verschmähn, der Kraft und
Adel in ein menschlich Tun, und Heiterkeit ins Leiden und
Lieb und Brüderschaft den Städten und den Häusern bringt.
Und darum fürchten sie auch den Tod so sehr, und leiden,
um des Austernlebens willen, alle Schmach, weil Höhers sie
nicht kennen, als ihr Machwerk, das sie sich gestoppelt.
O Bellarmin! wo ein Volk das Schöne liebt, wo es den Genius
in seinen Künstlern ehrt, da weht, wie Lebensluft, ein all-
gemeiner Geist, da öffnet sich der scheue Sinn, der Eigen-
dünkel schmilzt, und fromm und groß sind alle Herzen ...
Die Heimat aller Menschen ist bei solchem Volk, und gerne
mag der Fremde sich verweilen.«[37]

Im Wintersemester 1934/35 hält Heidegger erstmals
Vorlesungen über seinen Dichter Hölderlin. Er geht keineswegs schonend mit ihm um, mutet ihm vielmehr all das zu,
was in seiner, Heideggers Zeit, noch nicht eingelöst worden
ist. Hölderlin wird zum Vordenker erklärt, zum Seher, der
die Schärfe seines Blicks schließlich nach innen wendet und
daran zugrunde gehen muß. Der Vordenker ist zugleich Gei-
steskämpfer; einen solchen brauchen auch die unzufriede-
nen Intellektuellen der dreißiger Jahre. Daß bereits ein leib-
haftiger Führer bereitsteht, der sein Volk in die Katastrophe

führen wird, muß in diesem Zusammenhang nicht sonderlich interessieren; schließlich geht es um Höheres.

Heidegger erwartet nicht wenig von seinem Dichter: Er soll vorangehen, soll in vorderster Front stehen wie die Staatenlenker und Klügsten der Philosophen. Wagemut hat der Dichter zu zeigen, und es darf ihn nicht schrecken, wenn er zunächst allein bleibt. Er muß der felsenfesten Überzeugung sein, daß seine Stunde kommen wird, früher oder später, – unweigerlich. Wenn es soweit ist, werden ihm auch die anderen folgen: der Denker, der Machtmensch, zu guter Letzt das ganze Volk. Heidegger schreibt: »Die Grundstimmung, und das heißt die Wahrheit des Daseins eines Volkes, wird ursprünglich gestiftet durch den Dichter. Das so enthüllte Seyn des Seienden aber wird als Seyn begriffen ... durch den Denker, und das so begriffene Seyn wird ... in die be-stimmte geschichtliche Wahrheit gestellt dadurch, daß das Volk zu sich selbst als Volk gebracht wird. Das geschieht durch die Schaffung ... des Staates durch den Staatsschöpfer (...) Für diesen Kampf der Umstimmung der jeweils noch herrschenden und sich fortschleppenden Stimmungen müssen die Erstlinge geopfert werden. Das sind jene Dichter, die in ihrem Sagen das künftige Seyn eines Volkes in seine Geschichte voraussprechen und dabei notwendig überhört werden ... Es kann sein, daß wir dann eines Tages aus unserer Alltäglichkeit herausrücken und in die Macht der Dichtung einrücken müssen, daß wir nie mehr so in die Alltäglichkeit zurückkehren, wie wir sie verlassen haben.«[38]

Das sind markige Worte, die, ohne es zu wollen, einiges von jenem paramilitärischen Geist verraten, der sich damals bis in die Nischen von Philosophie und Literaturwissenschaft vorgewagt hat. Heidegger ist denn auch mit dieser seiner ersten öffentlichen Hölderlin-Auslegung nicht recht zufrieden gewesen und hat sie immer wieder überarbeitet. Ihm wird klar, daß man diesem Dichter nicht gerecht werden kann, wenn man ihn ideologisch vereinnahmt und zum Zeitgenossen macht. Die geschichtlichen und politischen Akzente seines Werks sind zwar nicht außer acht zu lassen, aber sie finden ihre eigentliche Erklärung erst im Licht der dichterischen Botschaft, die seinem Werk zugrunde liegt. Heidegger erinnert sich daran, daß Hölderlin inzwischen auch von anderen Dichtern wieder zur Kenntnis genommen wird, die, anders als mancher weltanschaulich voreingenommene Germanist, hellhörig sind für den besonderen Ton, den Hölderlin in die Literatur gebracht hat.

EIN GLIMMEND LÄMPCHEN

Es war noch einmal ein erstaunlich schöner Herbsttag geworden. Die Sonne, deren Zeit zu Ende ging, war ein schmerzlich klares Licht, das von den Fensterfronten der Häuser zurückgegeben wurde. Wer es aufnahm, als Einzelgänger etwa oder auch nur als betrachtungswütiger Flaneur, mußte die Augen zusammenkneifen, so grell und unvermittelt kam ihm das Licht vor. Ein solcher Herbsttag paßte eigentlich nicht mehr ins Bild, denn es war ja, verhieß der Kalender, Winter angesagt, der die Kälte der Tage bringen sollte, die Hölderlin längst verinnerlicht hatte. Die Jahreszeiten stellen sich quer, dachte er, das soll ja, wenn man zeitgenössischen Bedenkenträgern Glauben schenken darf, von nun an so bleiben und womöglich zu einem Kennzeichen der Moderne werden, welche dem Menschen droht. Vielleicht wird das der Ernst des Lebens sein, mit dem Zukünftige umzugehen haben, eine nahezu unbemerkte, diebesvergnügliche Unterwanderung aller bisherigen Gesetzmäßigkeiten; die Inthronisation des Ungewohnten und, daraus abfolgend, der despektierliche Umgang mit dem Gewohnten. Hölderlin befand sich auf einem Spaziergang am Neckar. Er setzte sich auf eine Bank. Vom Fluß her, der leicht faulig roch, wehte ein kühler Wind; der Dichter fröstelte, auch das war nichts Neues. Am Ufer machten sich Enten zu schaffen, ein Schwan, der seine Hoheitsgewässer zu bewachen schien, äugte drohend zu ihm herüber. Schon gut, dachte Hölderlin, von mir haben Sie nichts zu befürchten, mein lieber Schwan. Ich halte es mit der Macht der Poesie, die sich einen Jux machen will und inzwischen für ein Trauerspiel angesehen wird. Mit den Dichtern ist kein Staat zu machen, sie bewundern die Toten und nehmen's von den Lebendigen.

»Gestatten Sie?« hörte Hölderlin auf einmal eine Stimme. Vor ihm stand ein feingekleideter Herr, der ihn freundlich anlächelte. »Gestatten Sie?!« wiederholte er. »Ich würde mich gern zu Ihnen setzen.« »Wenn's denn sein muß«, sagte Hölderlin, »an sich bin ich lieber allein.« »Dazu haben Sie immer noch Gelegenheit«, meinte der Mann. Er holte ein Taschentuch hervor und säuberte den von ihm auserwählten Sitzplatz, auf dem er sich vorsichtig niederließ. Ein vornehmer Mensch, dachte Hölderlin, er will sich nicht schmutzig machen, aber sicher hat er auch seine schmutzigen Gedanken. »Was wissen denn Sie!?« sagte der Mann. Hölderlin sah ihn erstaunt von der Seite an. »Nichts«, murmelte er, »vermutlich weiß ich nichts. Da geht es mir wie den meisten andern.« »Dabei kann man durchaus mehr wissen, als allgemein für möglich gehalten wird«, sagte der Mann. »Erlauben Sie mir, daß ich mich vorstelle. Mein Name ist Findeisen, ich bin Bankier.« »Macht nichts«, erwiderte Hölderlin, »Sie müssen sich nicht entschuldigen.« »Haben Sie je über die Zukunft nachgedacht, mein Herr?« fragte Findeisen, ohne eine Miene zu verziehen. »Gelegentlich«, sagte Hölderlin, »wenn es sich nicht vermeiden ließ. Die Vergangenheit jedoch erschien mir stets ergiebiger.« »Unsinn!« rief Findeisen. »Verzeihen Sie, aber das ist wirklich Unsinn. Unser Mögliches liegt ausschließlich in der Zukunft. Die Vergangenheit gehört den Toten.« »Also uns allen«, sagte Hölderlin, »denn wir sterben bei lebendigem Leibe, jeden Tag ein kleines Quäntchen mehr.« Findeisen schüttelte den Kopf. »Sie reden, mit Verlaub, etwas wirr«, sagte er. »Kann es sein, daß Sie ein Dichter sind? Oder gar Philosoph?« »Kann sein«, sagte Hölderlin, »kann aber auch nicht sein.« »Die Gegenwart dient der Zukunft«, erklärte Findeisen, »die Zukunft aber wird dem Gelde gehören!« »Gut für Sie«, sagte Hölderlin. »Ihr Gewerbe hat zu allen Zeiten die besten Möglichkeiten gehabt.« »Was heißt gehabt?« sagte Find-

eisen. »Wir haben sie immer noch. Die Stadt der Zukunft wird von den Palästen des Geldes geprägt sein. Riesige Hochhäuser werden an einem klein gewordenen Horizont stehen. Und die Menschen ...« – »Ach, Menschen gibt es auch noch?« sagte Hölderlin. »Dann bin ich ja beruhigt. Ich dachte schon, es würde alles ganz anders.« »Mein Herr«, sagte Findeisen streng, »mit der Zukunft treibt man keine Scherze. Sie erhebt Anspruch auf das Pfund, mit dem wir wuchern. An der Zukunft hängt unseres Lebens ausschließliche Erwartung. Ich glaube allerdings, daß Sie nicht recht verstehen, was ich meine ... Sie scheinen mir eher schlichteren Gemüts zu sein!« »Wohl wahr«, sagte Hölderlin. »Seien Sie nachsichtig mit mir. Nicht jeder kann ein Bankier und Vertrauter der Zukunft sein.« »Mein Herr«, sagte Findeisen. »Ich will Ihnen beileibe nichts Arges. Was ich Ihnen verdeutlichen möchte, ist nur, daß im Geld unsere Zukunft liegt. Das Geld macht alles!« »Ihre Botschaft habe ich wohl verstanden«, sagte Hölderlin und erhob sich. »Allein mir fehlt der Glaube. Was immer nämlich das Geld für uns macht, es wird weniger sein als das, was die Menschen fürs Geld machen! Leben Sie wohl, Herr Bankier. Ich wünsche uns allen eine gewinnträchtige Zukunft!«

Hölderlin hat sich als Dichter immer wieder Rechenschaft über sein Tun abgelegt. Er wägt Wissen und Poesie gegeneinander ab und befindet, daß vor der Quantität des Wissens, dem unermüdlich von allen Seiten Nachschub erbracht wird, die anschauliche Qualität der Poesie kommt. In ihren gelungenen Momenten eint Poesie auch die irdische Zerrissenheit, welche eine notwendige ist, weil sie dem endlichen Leben des Menschen angehört, der sich von Gott und Natur entfernt hat. In der Sehnsucht nach Wiedervereinigung, nach Versöhnung aller Gegensätze in einer letztgültigen Ankunft ahnt der Mensch, was einmal war und, vielleicht, wieder sein kann: »Wir durchlaufen alle eine exzentrische Bahn, und es ist kein anderer Weg möglich von der Kindheit zur Vollendung. – Die selige Einigkeit, das Seyn, im einzigen Sinne des Worts, ist für uns verloren, und wir mußten es verlieren, wenn wir es erstreben, erringen sollten. Wir reißen uns los vom friedlichen Einen und Allen, der Welt, um es herzustellen, durch uns Selbst. Wir sind zerfallen mit der Natur, und was einst, wie man glauben kann, Eins war, widerstreitet sich jetzt, und Herrschaft und Knechtschaft wechselt auf beiden Seiten. Oft ist uns, als wäre die Welt Alles und wir Nichts, oft aber auch, als wären wir Alles und die Welt Nichts ... Jenen ewigen Widerstreit zwischen unserem Selbst und der Welt zu endigen, den Frieden alles Friedens, der höher ist, denn alle Vernunft, den wiederzubringen, uns mit der Natur zu vereinigen zu einem unendlichen Ganzen, das ist das Ziel all' unseres Strebens, wir mögen uns darüber verständigen oder nicht. – Aber weder unser Wissen noch unser Handeln gelangt in irgend einer Periode des Daseyns dahin, wo aller Widerstreit aufhört, wo alles Eins ist; die bestimmte Linie vereinigt sich mit der unbestimmten nur in unendlicher Annäherung.«[39]

Der Dichter hat die Gegensätze des irdischen Daseins auszuhalten, er weiß, daß sie notwendige Gegensätze sind, und doch steht er unter dem Eindruck einer verlorengegangenen Einheit, die zurückgewonnen werden soll. Diese Widersprüche verleihen seiner Existenz eine besondere Schärfe, unter der sich sein Wissen und Handeln radikalisieren muß, ob er will oder nicht. Die Freiheit des Dichters, wie Hölderlin sie sieht, ist eine Freiheit der Empfängnis, nicht der radikalen Tathandlung. Der Dichter muß auf das hören, was in ihm anklingt; als Heißsporn, der ohne den Zuspruch einer höheren Macht auszukommen glaubt und der Welt seine Visionen aufzwingen will, wird er zum Waffengänger ohne Waffen. Für einen solchen Zuspruch hat Hölderlin das

Bild des Blitzes gebraucht: Der Blitz, der auch Gedankenblitz
sein kann, reißt Himmel und Wolken auf, er sendet die Botschaft gleißenden Lichts, er fährt, als Widerschein, in die
Köpfe und bringt dort das Neue hervor. Im Dezember 1801,
als Hölderlin, schon schwer gezeichnet an Körper und Geist,
von Nürtingen aus zu seiner letzten Arbeitsstelle nach Bordeaux aufbrechen will, wo er sich noch einmal, der Not gehorchend, als Hauslehrer versuchen soll, schreibt er seinem
Freund Böhlendorff: »O Freund! die Welt liegt heller vor mir
als sonst, und ernster. Ja! es gefällt mir, wie es zugeht, gefällt
mir, wie wenn im Sommer ›der alte heilige Vater mit gelas-
sener Hand aus rötlichen Wolken segnende Blitze schüttelt‹.
Denn unter allem, was ich schauen kann von Gott, ist dieses
Zeichen mir das auserkorene geworden. Sonst konnt ich
jauchzen über eine neue Wahrheit, eine bessere Ansicht des,
das über uns und um uns ist, jetzt fürcht ich, daß es mir nicht
geht am Ende, wie dem alten Tantalus, dem mehr von Göttern ward, als er verdauen konnte. – Aber ich tue, was ich
kann, so gut ichs kann, und denke, wie ich auf meinem Wege
auch dahin muß wie die andern, daß es gottlos ist und
rasend, einen Weg zu suchen, der vor allem Anfang sicher
wäre, und daß für den Tod kein Kraut gewachsen ist. – Und
nun leb wohl, mein Teurer! bis auf weiteres. Ich bin jetzt voll
Abschieds. Ich habe lange nicht geweint. Aber es hat mich
bittre Tränen gekostet, da ich mich entschloß, mein Vater-
land noch jetzt zu verlassen, vielleicht auf immer. Denn was
hab ich Lieberes auf der Welt? Aber sie können mich nicht
brauchen ...«[40] Ein Jahr später ist Hölderlin aus Frankreich
zurückgekehrt, er hat Mühe, sich zurechtzufinden. Alles
wird ihm zuviel; die Eindrücke, die ihm widerfahren sind,
türmen sich zu einer Last, unter der er sich nur noch einduk-
ken möchte. Seine Sinne sind überreizt, er leidet unter dem
Dasein wie an einer unheilbaren Krankheit; das Sprechen
fällt ihm schwer. Auch die Poesie kann nicht mehr helfen,

das Sagbare ist unsagbar geworden. An Böhlendorff schreibt er einen Brief, in dem er sich noch einmal zusammennimmt; er versucht zu beschreiben, zu gewichten, zu deuten, doch läßt sich das Leid, das in ihm haust, nicht mehr verleugnen: »Mein Teurer! – Ich habe Dir lange nicht geschrieben, bin indes in Frankreich gewesen und habe die traurige einsame Erde sehn, die Hirten des südlichen Frankreichs und einzelne Schönheiten, Männer und Frauen, die in der Angst des patriotischen Zweifels und des Hungers erwachsen sind. – Das gewaltige Element, das Feuer des Himmels und die Stille der Menschen, ihr Leben in der Natur, und ihre Eingeschränktheit und Zufriedenheit, hat mich beständig ergriffen, und wie man Helden nachspricht, kann ich wohl sagen, daß mich Apollo geschlagen ... Es war mir nötig, nach manchen Erschütterungen und Rührungen der Seele mich festzusetzen, auf einige Zeit, und ich lebe indessen in meiner Vaterstadt. Die heimatliche Natur ergreift mich auch um so mächtiger, je mehr ich sie studiere. Das Gewitter, nicht bloß in seiner höchsten Erscheinung, sondern eben in dieser Ansicht, als Macht und als Gestalt, in den übrigen Formen des Himmels, das Licht in seinem Wirken, nationell und als Prinzip und Schicksalsweise bildend, daß uns etwas heilig ist, sein Drang im Kommen und Gehen, das Charakteristische der Wälder und das Zusammentreffen in einer Gegend von verschiedenen Charakteren der Natur, daß alle heiligen Orte der Erde zusammen sind um einen Ort, und das philosophische Licht um mein Fenster ist jetzt meine Freude; daß ich behalten möge, wie ich gekommen bin, bis hieher!«[41]

Hölderlin hat sich als Dichter in die Gefahr begeben, und diese Gefahr ist das Leben selbst. Wer sich in Gefahr begibt, kommt darin um, heißt es, was aber im Falle Hölderlins nicht das letzte Wort sein sollte, denn es schien, als hielte er sich, letztendlich, an eine seiner bekanntesten Gedichtzeilen, die da lautet: »Wo aber Gefahr ist, wächst das

Rettende auch«. Er erkannte die Gefahr, fand aber noch ein ihn Rettendes, oder besser gesagt: Es fand ihn. Krankheit und Müdigkeit ließen seinen Geist zur Ruhe kommen, die bedrohlichen Bilder verblaßten, er richtete sich ein in den verbliebenen Reminiszenzen. An seinem eigenen Schicksal hätte er, wenn es ihm denn noch möglich gewesen wäre, ablesen können, wie nachtragend und gewalttätig jener Zuspruch ist, der dem über die Maße Hellsichtigen erwächst. Hölderlin, in der zweiten Hälfte seines Lebens, mußte das aber nicht mehr interessieren.

AN HÖLDERLIN. – Verweilung, auch am Vertrautesten nicht, / ist uns gegeben; aus den erfüllten / Bildern stürzt der Geist zu plötzlich zu füllenden; Seen / sind erst im Ewigen. Hier ist Fallen / das Tüchtigste. Aus dem gekonnten Gefühl / überfallen hinab ins geahndete, weiter. / – Dir, du Herrlicher, war, dir war, du Beschwörer, ein ganzes / Leben das dringende Bild, wenn du es aussprachst, / die Zeile schloß sich wie Schicksal, ein Tod war / selbst in der lindesten, und du betratest ihn; aber / der vorgehende Gott führte dich drüben hervor. / – O du wandelnder Geist, du wandelndster! Wie sie doch / wohnen im warmen Gedicht, häuslich, und lang / alle bleiben im schmalen Vergleich. Teilnehmende. Du nur / ziehst wie der Mond. Und unten hellt und verdunkelt / deine nächtliche sich, die heilig erschrockene Landschaft / die du in Abschieden fühlst. Keiner / gab sie erhabener hin, gab sie ans Ganze / heiler zurück, unbedürftiger. So auch / spieltest du heilig durch nicht mehr gerechnete Jahre / mit dem unendlichen Glück, als wäre es nicht innen, läge / keinem gehörend im sanften Rasen der Erde umher, von göttlichen Kindern verlassen. / Ach, was die Höchsten begehren, du legtest es wunschlos / Baustein auf Baustein: es stand. Doch selber sein Umsturz / irrte dich nicht. / – Was, da ein solcher, Ewiger, war, mißtraun wir / immer dem Irdischen noch? Statt am Vorläufigen ernst / die Gefühle zu lernen für welche / Neigung, künftig im Raum?«

Rilke[42]

»Täglich muß ich die verschwundene Gottheit wieder rufen. Wenn ich an große Männer denke, in großen Zeiten, wie sie, ein heilig Feuer, um sich griffen, und alles Tote, Hölzerne, das Stroh der Welt in Flamme verwandelten, die mit ihnen auf-flog zum Himmel, und dann an mich, ein glimmend Lämp-chen umhergehe, und betteln möchte um einen Tropfen Öl, um eine Weile noch die Nacht hindurch zu scheinen – siehe! da geht ein wunderbarer Schauer mir durch alle Glieder, und leise ruf' ich mir das Schreckenswort zu: lebendig Toter!«

Hölderlin[43]

DIE STIFTUNG DES WORTS

»Jeder Denker, wenn er nur alt genug wird, muß danach trachten, das eigentlich Resultathafte seines Gedachten auf-zulösen, und zwar einfach dadurch, daß er es aufs Neue be-denkt ... Das denkende Ich ist alterslos, und es ist der Fluch und der Segen der Denker, sofern sie nur im Denken wirklich sind, daß sie alt werden, ohne zu altern. Auch ist es mit der Leidenschaft des Denkens wie mit anderen Leidenschaften – was wir gemeinhin als die Eigenschaften der Person kennen, deren vom Willen geordnete Gesamtheit dann so etwas wie den Charakter ergibt, hält dem Ansturm der Leidenschaft, die den Menschen und die Person ergreift und gewisserma-ßen in Besitz nimmt, nicht stand. Das Ich, das denkend in dem entfesselten Sturm ›innesteht‹, wie Heidegger sagt, und für das die Zeit buchstäblich stillsteht, ist nicht nur alterslos, es ist auch, obwohl immer ein spezifisch anderes, eigen-schaftslos. Das denkende Ich ist alles andere als das Selbst des Bewußtseins.«

Hannah Arendt[44]

In seinen neu ansetzenden Erläuterungen zu Hölderlins Dichtung versucht Heidegger, die Lebensgeschichte des Dichters mit einzubeziehen. Er tut dies vorsichtig; die Werke stehen für sich und bedürfen doch der einen oder anderen zusätzlichen Information. Für Hölderlins grundsätzliches Werk- und Weltverständnis wählt Heidegger fünf Zitate aus, die er als sogenannte Leitworte benennt; sie lauten: »1. Dich-ten ist ›dies unschuldigste aller Geschäfte‹. 2. ›Darum ist der

Güter Gefährlichstes, die Sprache dem Menschen gegeben ...
damit er zeuge, was er sei‹. 3. ›Viel hat erfahren der
Mensch. / Der Himmlischen viele genannt, / Seit ein Gespräch wir sind / Und hören können voneinander‹. 4. ›Was
bleibet aber, stiften die Dichter‹. 5. ›Voll Verdienst, doch
dichterisch wohnet / Der Mensch auf dieser Erde‹.«[45]

Aus diesen Zitaten, die, aufeinander bezogen, zunächst
widersprüchlich erscheinen, komponiert Heidegger die
Weltauffassung seines Dichters Hölderlin. Es soll sich zeigen, daß die Zitate pointierte Aussagen sind, die den Grund-
stock einer eigenen Dichter-Philosophie bilden, für deren in-
haltliche Ausdeutung und Fortschreibung ein Philosoph zu
sorgen hat, der von der gleichen Hintergründigkeit her
denkt. Daß dieser Philosoph eigentlich nur Heidegger heißen kann, versteht sich von selbst. Zum ersten Leitwort seines Dichters notiert Heidegger: »In einem Brief an die Mutter vom Januar 1799 nennt Hölderlin das Dichten ›dies
unschuldigste aller Geschäfte‹. Inwiefern ist es das ›unschuldigste‹? Das Dichten erscheint in der bescheidenen Gestalt
des Spiels. Ungebunden erfindet es seine Welt von Bildern
und bleibt versonnen im Bereich des Eingebildeten. Dieses
Spiel entzieht sich damit dem Ernst der Entscheidungen, die
sich jederzeit so oder so schuldig machen. Dichten ist daher
völlig harmlos. Und zugleich ist es wirkungslos; denn es
bleibt ein bloßes Sagen und Reden. Das hat nichts von der
Tat, die unmittelbar in das Wirkliche eingreift und es verwandelt. Dichtung ist wie ein Traum, aber keine Wirklichkeit, ein Spiel in Worten, aber kein Ernst der Handlung.«[46]

Eine solche Auffassung vom Dichten hat das Unbeküm-
merte der Jugend auf ihrer Seite; sie gefällt sich in den eigenen Möglichkeiten, erprobt das Machbare, legt ihm un-
geahnte Steigerung auf. Die Sprache, die einem solchen
Dichten zugrunde liegt, ist kräftig; sie durchschaut viel, nur
nicht ihre eigene Wirksamkeit, die aus der Spannung lebt

und von existentieller Gefährdung. So schreibt Heidegger zum zweiten der Hölderlinschen Leitworte, das die Sprache als »der Güter Gefährlichstes« benennt: »Die Sprache schafft erst die offenbare Stätte der Seinsbedrohung und Beirrung und so die Möglichkeit des Seinsverlustes, das heißt – Gefahr. Aber die Sprache ist nicht nur die Gefahr der Gefahren, sondern sie birgt in sich selbst für sich selbst notwendig eine fortwährende Gefahr. Der Sprache ist aufgegeben, das Seiende als solches im Werk offenbar zu machen und zu verwahren. In ihr kann das Reinste und das Verborgenste ebenso wie das Verworrene und Gemeine zu Wort kommen. Ja, das wesentliche Wort muß sogar, um verstanden und so für alle ein gemeinsamer Besitz zu werden, sich gemein machen ... So muß sich die Sprache ständig in einem von ihr selbst erzeugten Schein stellen und damit ihr Eigenstes, das echte Sagen gefährden.«[47] Sprache hat viele Ausdrucksmöglichkeiten; ihre Bandbreite erscheint groß, und doch ist der Bereich, in dem sie wirklich etwas zu sagen weiß, vergleichsweise klein. Die Sprache läßt sich als Gefahrgut begreifen, ohne das der Mensch ärmer wäre, ja sich sogar seiner eigentlichen Möglichkeiten beraubt sähe: »Die Sprache ist nicht nur ein Werkzeug, das der Mensch neben vielen anderen auch besitzt, sondern die Sprache gewährt überhaupt erst die Möglichkeit, inmitten der Offenheit von Seiendem zu stehen. Nur wo Sprache ist, da ist Welt, das heißt: der stets sich wandelnde Umkreis von Entscheidung und Werk, von Tat und Verantwortung, aber auch von Willkür und Lärm, Verfall und Verwirrung. Nur wo Welt waltet, da ist Geschichte. Die Sprache ist ein Gut in einem ursprünglicheren Sinne. Sie steht dafür gut, das heißt: sie leistet Gewähr, daß der Mensch als geschichtlicher sein kann. Die Sprache ist nicht ein verfügbares Werkzeug, sondern dasjenige Ereignis, das über die höchste Möglichkeit des Menschen verfügt.«[48] Der Dichter, der über seine Sprache verfügt, ist demnach beschenkt und gefährdet zugleich; man könnte sagen, daß sein Gefährdetsein in der Natur seiner Sache liegt. Was aber fängt er mit der ihm übereigneten Sprache an, auf wen bezieht er sie, und was mutet er ihr zu, wenn er den Ernst gelernt hat, den sein Dasein, eine nichthintergehbare, zwischen Wissen und Vergessen, Geburt und Tod eingerückte Episode, auszeichnet? Auf diese Fragen geht das dritte Hölderlinsche Leitwort ein, das da lautet: »Viel hat erfahren der Mensch. / Der Himmlischen viele genannt, / Seit ein Gespräch wir sind / Und hören können voneinander.« Heidegger merkt dazu an: »Wo Sprachfähigkeit des Menschen vorhanden ist und ausgeübt wird, da ist noch nicht ohne weiteres das wesentliche Ereignis der Sprache – das Gespräch. Seit wann sind wir ein Gespräch? Wo ein Gespräch sein soll, muß das wesentliche Wort auf das Eine und Selbe bezogen bleiben. Ohne diesen Bezug ist auch und gerade ein Streitgespräch unmöglich. Das Eine und Selbe aber kann nur offenbar sein im Lichte eines Bleibenden und Ständigen. Beständigkeit und Bleiben kommen jedoch dann zum Vorschein, wenn Beharrung und Gegenwart aufleuchten. Das aber geschieht in dem Augenblick, da die Zeit in ihren Erstreckungen sich öffnet. Seitdem der Mensch sich in die Gegenwart eines Bleibenden stellt, seitdem kann er sich erst dem Wandelbaren, dem Kommenden und Gehenden aussetzen; denn nur das Beharrliche ist wandelbar. Erst seitdem die ›reißende Zeit‹ aufgerissen ist in Gegenwart, Vergangenheit und Zukunft, besteht die Möglichkeit, sich auf ein Bleibendes zu einigen. Ein Gespräch sind wir seit der Zeit, da es ›die Zeit ist‹. Seitdem die Zeit aufgestanden und zum Stehen gebracht ist, seitdem sind wir geschichtlich. Beides – ein Gesprächsein und Geschichtlichsein – ist gleich alt, gehört zusammen und ist dasselbe.«[49]

Wir wissen heute, daß der Mensch vergleichsweise spät zur Sprache gekommen ist. Seine Sprachfähigkeit wird als evolutionäre Errungenschaft angesehen, ihre Nützlichkeit gilt als erwiesen, zumal die Evolution, die als Erklärungsmodell die Theorien vom Schöpfungsgeschehen und der direkten göttlichen Einflußnahme abgelöst hat, angeblich eine anhaltende Erfolgsgeschichte ist, die auf Dauer nichts Unnützes mit sich herumschleppen kann. Diese Argumentation aber ist nicht diejenige Heideggers, und auch sein Dichter Hölderlin wäre wohl an einer historisierenden Sprachbetrachtung nur mäßig interessiert gewesen. Für Heidegger gleicht das Zur-Sprache-Kommen einem Akt der Offenbarung; in ihm werden die kulissenhaft wechselnden Zeitläufte stillgestellt, und es scheint eine Herkunft auf, die auf göttlichen Ursprung verweist: »Seit ein Gespräch wir sind – hat der Mensch viel erfahren und der Götter viele genannt. Seitdem die Sprache eigentlich als Gespräch geschieht, kommen die Götter zu Wort und erscheint eine Welt. Aber wiederum gilt es zu sehen: die Gegenwart der Götter und das Erscheinen der Welt sind nicht erst eine Folge des Geschehnisses der Sprache, sondern sie sind damit gleichzeitig. Und das so sehr, daß im Nennen der Götter und im Wort-Werden der Welt gerade das eigentliche Gespräch besteht, das wir selbst sind. – Aber die Götter können nur dann ins Wort kommen, wenn sie selbst uns ansprechen und unter ihren Anspruch stellen. Das Wort, das die Götter nennt, ist immer Antwort auf solchen Anspruch. Diese Antwort entspringt jeweils aus der Verantwortung eines Schicksals. Indem die Götter unser Dasein zur Sprache bringen, rücken wir erst ein in den Bereich der Entscheidung darüber, ob wir uns den Göttern zusagen oder ob wir uns ihnen versagen ...«[50]

Wer die Götter sind, müssen wir, gerade von heute aus betrachtet, immer selbst entscheiden. Die Götter können Gott sein oder das Göttliche, für das wir nicht mehr die uns liebgewordenen persönlichen Vorstellungsmuster bemühen müssen. Das Göttliche, jener Ursprungs- und Ankunftsort des Menschen, der im Verborgenen liegt und sich nur gelegentlich, in wundersamer Eingebung, als Ahnung, Offenbarung oder, uns entsprechender, im Geistesblitz zu erkennen gibt, bleibt für einen Denker wie Heidegger eine unabdingbare Bezugsgröße, und er glaubt damit auch für seinen Dichter zu sprechen. Er selbst, Heidegger, hat für das Göttliche und eigentlich Unsagbare gern das Wort »Sein« gebraucht, das er, zur besonderen Gewichtung und im Anschluß an den verehrten Hölderlin, immer dann mit y schreibt, wenn es als *eigentliches* Sein, gleichsam als unaufkündbarer Grund jeglichen Daseins gedacht werden soll. Um das Sein, das Unvordenkliche, geht es in der Philosophie, wie Heidegger sie versteht, und mit dem Sein sollte auch jede wahre Dichtkunst zu tun haben. Insofern ist das vierte Leitwort Hölderlins, das da lautet: »Was bleibet aber, stiften die Dichter«, wohl am wichtigsten, denn in ihm wird die Denkweise des Philosophen mit der des Dichters zusammengeführt und im Hinblick auf den Erfahrungshorizont des Menschen neu bestimmt: »Indem der Dichter das wesentliche Wort spricht, wird durch diese Nennung das Seiende erst zu dem ernannt, was es ist. So wird es bekannt als Seiendes. Dichtung ist worthafte Stiftung des Seins. Was bleibt, wird daher nie aus dem Vergänglichen geschöpft. Das Maß liegt nicht im Maßlosen. Den Grund finden wir nie im Abgrund. Das Sein ist niemals ein Seiendes. Weil aber Sein und Wesen der Dinge nie errechnet und aus dem Vorhandenen abgeleitet werden können, müssen sie frei geschaffen, gesetzt und geschenkt werden. Solche freie Schenkung ist Stiftung.«[51]

Für Heidegger ist der Dichter Hölderlin ein Stifter des Wortes. Er spricht und schreibt in höherem Auftrag, leiht seine Stimme dem Sagbaren, das aus dem Unsagbaren erwächst. Dichter und Denker, sofern sie an einer Wahrheit interessiert sind, wie sie Heidegger in Hölderlins Namen vorträgt, treffen sich auf dem Boden einer Stiftung des

Worts. Der eigentliche Urheber der Stiftung wirkt im Verborgenen, und doch werden in seinem Sinn die Geschäfte geführt. Die Stiftung des Wortes weiß sich einem Ursprungsdenken verpflichtet, das schon immer, heute aber mehr denn je, in Gefahr war, vergessen zu werden: »Indem ... die Götter ursprünglich genannt werden und das Wesen der Dinge zu Wort kommt, damit die Dinge erst aufglänzen, indem solches geschieht, wird das Dasein des Menschen in einen festen Bezug gebracht und auf einen Grund gestellt. Das Sagen des Dichters ist Stiftung nicht nur im Sinne der freien Schenkung, sondern zugleich im Sinne der festen Gründung des menschlichen Daseins auf seinen Grund.«[52]

Hölderlins fünftes Leitwort lautet: »Voll Verdienst, doch dichterisch wohnet / Der Mensch auf dieser Erde.« In ihm geht es, bei genauerem Hinsehen, mehr um die Hoffnung, die der Dichtung innewohnt, als um den realen Tatbestand, mit dem sie zu rechnen hat. Der Dichter denkt einer Heimat vor, die, im übergreifenden Sinne, noch nicht gefunden wurde. Sie ist real und irreal zugleich, sie gleicht einer Sehnsuchtslandschaft und steht doch so fest im Wirklichen wie der Mensch selbst, der gelernt hat, sich, bei Gelegenheit, schon mal über sich selbst zu erheben. Auf dem Weg in diese Heimat ist der Dichter dem Denker, mit dem er zuvor noch gleichen Schrittes ging, nun wieder ein Stück voran: Der eine, der Dichter, geht auf Erkundungsgang, der andere, der Denker, bildet die Nachhut, aber beide bleiben auf Gedankenweite zusammen. Im Leben ist der Dichter voraus, er wagt sich weiter vor, manchmal sogar so weit, daß er von den Nachkommenden nicht mehr erkannt werden kann. Dann bleibt nur noch, ihm nachzudenken und sich, in aller Behutsamkeit, auf jenes Terrain vorzuwagen, das er bereitet hat: »Dichtung sieht aus wie ein Spiel und ist es doch nicht. Das Spiel bringt zwar die Menschen zusammen, aber so, daß dabei jeder gerade sich vergißt. In der Dichtung dagegen wird der Mensch gesammelt auf dem Grund seines Daseins. Er kommt darin zur Ruhe; freilich nicht zur Scheinruhe der Untätigkeit und Gedankenleere, sondern zu jener unendlichen Ruhe, in der alle Kräfte und Bezüge regsam sind ... Dichtung erweckt den Schein des Unwirklichen und des Traumes gegenüber der greifbaren und lauten Wirklichkeit, in der wir uns heimisch glauben. Und doch ist umgekehrt das, was der Dichter sagt und zu sein übernimmt, das Wirkliche ... So scheint das Wesen der Dichtung im eigenen Schein ihrer Außenseite zu schwanken und steht doch fest. Ist sie ja doch selbst im Wesen Stiftung – das heißt: feste Gründung ...«[53]

»*Zeit.* – Wie weit? / Erst wenn sie steht, die Uhr, / im Pendelschlag des Hin und Her, / hörst Du: sie geht und ging und geht / nicht mehr. / Schon spät am Tag die Uhr, / nur blasse Spur zur Zeit, / die, nah der Endlichkeit, / aus ihr ent-steht.«
      Heidegger[54]

MENSCHEN HELL MIT BILDERN

Hölderlin als Stifter des Worts war in dürftiger Zeit unterwegs und wurde schließlich mit einem Gastrecht auf Lebenszeit bedacht, über das man keine großen Worte mehr machen musste. Die Dürftigkeit indes ist geblieben, sie zeigt sich heute im Gewand bodenlosen Wissens, leerer Vielfalt und glitzernder Scheinwelten. Hölderlins Vermächtnis muß uneingelöst bleiben – eine Gewißheit, die schon Heidegger an die Zukunft weitergereicht hat: »Indem Hölderlin das Wesen der Dichtung neu stiftet, bestimmt er erst eine neue Zeit. Es ist die Zeit der entflohenen Götter und des kommenden Gottes. Das ist die *dürftige Zeit*, weil sie in einem gedoppelten Mangel und Nicht steht: im Nichtmehr der entflohenen Götter und im Nochnicht des Kommenden ... Dürftig ist die Zeit und deshalb überreich ihr Dichter – so reich, daß er oft im Gedenken an die Gewesenen und im Erharren des Kommenden erlahmen und in dieser scheinbaren Leere nur schlafen möchte. Aber er hält stand im Nichts dieser Nacht.«[55] Hölderlin ist mit einem Übermaß schmerzlicher Erfahrung belegt worden, das er nicht abschütteln konnte. Ihm war es nicht vergönnt, unbeschädigt zu bleiben an Leib und Seele, was, damals wie heute, ohnehin kaum einem gelingt; es ging ihm wie dem Schuldigen, der sich als unschuldig erweist und doch feststellen muß, daß etwas hängengeblieben ist. Als der Druck nicht mehr auszuhalten war, wurde ihm eine denkwürdige psychische Befriedung zuteil, die man, nach der gängigen Meinung, für Wahnsinn halten konnte. Vielleicht war es aber auch nur so, daß eine Befreiung im Kopf erfolgte, ein unspektakulärer Spannungsabbau,

der seine Geisteskräfte neu ordnete und auf das scheinbar
Harmlose einstellte. Daß die erste Hälfte seines Lebens deswegen nicht verlorenging, sondern ihre geheimen Wieder-
anklänge fand, zeigte sich in der zweiten Hälfte seines
Lebens, in der die List einer andersgearteten Vernunft wal-
tete. Der Schriftsteller Peter Härtling, der Hölderlin ebenfalls zu seinem Dichter machte, ihn aber, anders als Heidegger, nicht für das Denken, sondern für ein Erzählen, das
unmittelbar am Leidmaß des Lebens bleibt, beanspruchen
will, hat beschrieben, wie es zugegangen sein könnte, als
Hölderlin zur Ruhe kam. Er ist nun im Haus der Familie des
Tübinger Schreinermeisters Zimmer, man hat ihm das
Turmzimmer mit Blick auf den Neckar angewiesen, und er
muß sich einrichten in ein anderes Leben. Der sogenannte
Wahnsinn, der ihm widerfahren ist, hat ihn zudem einiger-
maßen berühmt werden lassen. Ein verrückter Dichter, so
scheint es, ist allemal interessanter als ein normaler Dichter;
er wird besucht, bestaunt, bedauert: »In den ersten Jahren
wechseln die heftigen, ihn tief erschöpfenden Anfälle mit
Phasen einer ›kalten und einsilbigen‹ Ruhe. Zimmer schafft
ein Klavier an, auf dem Hölderlin viel spielt. Da er niemand-
dem etwas antut, ganz mit sich selbst beschäftigt ist, darf er
im Haus und vor dem Haus frei umhergehen, aber die vielen
Besucher führt man, nach einem erprobten Ritual, stets in
das runde Zimmer ... Nie empfängt er die Betrachter seines
Wahnsinns sitzend. Er hat sich eine Szene zurechtgelegt,
steht, den einen Arm gestützt auf ein halbhohes Wand-
schränkchen, nachlässig und aufmerksam, und läßt nichts
zu als den Austausch von Höflichkeiten. In den späteren Jahren erzählt er mitunter, oder er liest aus seinem ›Hyperion‹
vor. Bittet man ihn aber um ein Gedicht, so schreibt er rasch
einen Vierzeiler, ... Strophen, die aus einer rätselhaften Me-
thodik entstehen, schön und unfaßbar, Spieluhrenverse –
wie die für Zimmer: ›Die Linien des Lebens sind verschie-

den, / Wie Wege sind, und wie der Berge Grenzen. / Was hier wir sind, kann dort ein Gott ergänzen / Mit Harmonien und ewigem Lohn und Frieden.‹«[56]

Der späte, der zur Ruhe gekommene Hölderlin, der sich mal verschlossen, mal einfältig-zutraulich gibt, lebt in seiner eigenen Welt, die er gelegentlich, wenn er guter Laune ist, einen Spalt breit öffnet. Dann betätigt er sich als Auftragspoet und wirft auf Wunsch ein oder zwei Gedichte aufs Papier, die er datiert und mit Phantasienamen unterzeichnet: Scardanelli, Buonarotti, Rosetti und andere. Hölderlin dichtet schnell, man vermag ihm kaum zu folgen. Was er zustande bringt, verrät eine Meisterschaft, die von unendlich vereinfachter Weisheit kündet. Es ist, als ob darauf verwiesen werden sollte, daß die Wahrheiten des Lebens schrumpfen, so wie der Mensch schrumpft, wenn er alt wird und sich immer mehr mit dem Wesentlichen begnügen muß. Manchmal kommt Hölderlins Besuchern auch der Verdacht, daß der wahnsinnige Dichter sich eine Wahrheit zurechtgelegt hat, die keine Zu- und Abgänge mehr braucht, sondern aus sich selbst heraus besteht und, bei Bedarf, zur Gewissheit des Herzens wird. Es scheint dann, als spiele er mit denen, die ihm die Aufwartung machen, als begegne er ihnen mit freundlicher Tücke, was den beabsichtigten Erfolg bringt: man wird auf Distanz gehalten, kommt dem Dichter nicht näher, als der es haben will. Im April 1843, wenige Wochen vor seinem Tod, besucht ihn ein treuer Verehrer, der Literat Johann Georg Fischer. Hölderlin, in aufgeräumter Stimmung, gewährt ihm eine Art Audienz, und Fischer notiert nach seinem Besuch: »Weil ich im Mai Tübingen verließ, bat ich ihn um ein paar Zeilen zum Andenken. ›Wie Ehrwürdige Heiligkeit befehlen‹, sagte er, ›soll ich Strophen über Griechenland, über den Frühling, über den Zeitgeist schreiben‹? (...) Nun trat er, und mit den Augen voll jugendlichen Feuers, an seinen Stehpult, nahm einen Foliobogen und eine mit der ganzen Fahne versehene Feder heraus und schrieb, mit den Fingern der linken Hand die Verse auf dem Pult skandierend, und nach Vollendung jeder Zeile mit Kopfnicken ein zufriedenes deutliches ›Hm‹ ausdrückend.«[57] Eines von Hölderlins späten Gedichten, unterschrieben mit »Scardanelli« und datiert auf den »24. März 1671«, hat die Ruhe beschrieben, die der Dichter nun empfindet. Es ist eine heitere Ruhe, die ihre Stärke daraus bezieht, daß es keinen Anlaß mehr gibt zu zweifeln: »AUSSICHT. – Der offne Tag ist Menschen hell mit Bildern, / Wenn sich das Grün aus ebner Ferne zeiget, / Noch eh des Abends Licht zur Dämmerung sich neiget, / Und Schimmer sanft den Klang des Tages mildern. / Oft scheint die Innerheit der Welt umwölkt, verschlossen, / Des Menschen Sinn von Zweifeln voll, verdrossen, / Die prächtige Natur erheitert seine Tage / Und ferne steht des Zweifels dunkle Frage.«[58]

Es gibt einen Augenblick im Leben, der die absolute Einsichtigkeit gewährt. Hölderlin hatte diesen Augenblick in den Bergen erlebt; wo, ließ sich nicht mehr namhaft machen. Auf einer Bank im Tal saß er und spürte, daß die Bilder in ihm zum Erliegen kamen. Gut so. Die Welt, die er nur noch vom Hörensagen kannte, ließ alles mit sich geschehen; sie hatte sich ihm vorgestellt, das Nötigste war gesprochen, nun konnte man wieder auseinandergehen. Und so stand er auf von seiner Bank, damals schon äußerlich etwas verwildert wirkend, und ging zurück. Er kannte den Weg nicht, nicht das Ziel. Das Tal weitete sich, die schneebedeckten Berge wurden zu blaugrauen Mauern und schwarzen Würfeln, die sich übereinander türmten. Auf einmal waren sie Stadt geworden, eine Hafenstadt, Bordeaux etwa, mit strengen, hinfälligen Häusern und ausgetretenen Straßen. Die wenigen Menschen, denen er begegnete, sahen ihn an wie einen Fremden, und das war er ja auch –

81

ein Fremder. Es fing an zu regnen; Schneeregen, der ihn an
etwas erinnerte, an eine leidenschaftslose Umarmung, ein
stockendes Gebet, an Zurückgebliebene und Weggefährten,
die nicht mehr waren. Er ging schneller. Gab es das denn, daß
man ein Anderer geworden war und nichts davon bemerkte?
In jenem Augenblick, der die Einsicht gewährt, war er ins Licht
der Wahrheit gestellt, die ihn versöhnt hatte und – geblendet.
Das Spiel der Begriffe, das ein ernstes Spiel ist, in dem es mehr
ernste Verlierer gibt als frohe Gewinner, hatte er vorher schon
aufgegeben. Es ging nicht anders. Und nun. – Der Wind blies
ihm ins Gesicht. Auf einer Brücke, die über einen Wasserarm
führte, blieb er stehen. Er starrte in die teerfarbige Strömung.
Als der Regen nachließ, hob er den Kopf; weit sehen konnte
man auf einmal, Schiffe und Lagerhallen, Wolkenzüge, geboge-
ne Brücken, winklige Stege, die Lichtspur der verschwundenen
Sonne. Alles war ruhig, nur der Wind rauschte, als zöge er wie
einst durch prachtvolle Sommerbäume und verwunschene Fel-
der. Die Strömung unter ihm wurde langsamer und löste sich
auf. Einen sanften Schmerz spürte er in der Brust, vielleicht ein
Warnzeichen, vielleicht auch nicht. Es war alles gesagt und
getan, man konnte seine Akte schließen. Von der Landemauer
löste sich ein schwarzes Schiff; es fuhr hinaus auf den Strom,
der fernab ins Meer übergeht, und Hölderlin schien es, als füh-
re er mit; ganz allein war er an Bord, das schwarze Schiff
kannte den Weg, und er, der mutterseelenallein auf der Brük-
ke stand, ein seines Amtes enthobener Kommandant, trieb sicher aufs Meer hinaus, wo man sich seiner annehmen würde.
Einsam ist er gewesen, niemals aber – allein.

AUSSCHAU HALTEN

»Wie nämlich die Augen der Nachtvögel sich zum schei-
nenden Licht des Tages verhalten, so auch verhält sich das
Vernehmen, das unserem Wesen eignet, zu dem, was von
sich her – seinem Anwesen nach – das Scheinendste von
allem ist.«

    Aristoteles[59]

Heidegger hat seinem Dichter unbeirrt die Treue gehalten;
noch in seinem Vermächtnis, dem berühmt-berüchtigten
Spiegel-Interview aus dem Jahre 1966, das erst zehn Jahre
später, nach Heideggers Tod, veröffentlicht werden durfte,
wird ausdrücklich Bezug auf Hölderlin genommen: »Wie
weit ich mit meinem Denkversuch komme und in welcher
Weise er künftig noch aufgenommen und fruchtbar verwandelt wird, das zu entscheiden steht nicht bei mir. Ich habe ...
zu zeigen gewagt, daß der Mensch des technischen Welt-
alters den Bezug zu einem Anspruch erfährt, den er nicht
nur zu hören vermag, in den er vielmehr selbst gehört. Mein
Denken steht in einem unumgänglichen Bezug zur Dichtung
Hölderlins. Aber ich halte Hölderlin nicht für irgendeinen
Dichter, dessen Werk die Literaturhistoriker neben vielen
anderen auch zum Thema machen. Hölderlin ist für mich
der Dichter, der in die Zukunft weist, der den Gott erwartet
und der somit nicht nur ein Gegenstand der Hölderlin-For-
schung in den literarhistorischen Vorstellungen bleiben
darf.«[60] Die von Heidegger erklärte Geistesbrüderschaft zwischen Hölderlin und ihm weist in eine Zukunft, in der das

bislang Unerhörte, möglicherweise, (noch) wahr werden kann. Die Erwartung einer Ankunft des Seins ist nicht zeitgebunden und lebt vom sorgfältigen Umgang mit dem Vergangenen, im Besonderen dem Denken der Griechen. Auch darin kann sich Heidegger auf die Vorarbeit seines Dichters berufen. Eine der ersten Vorlesungen, die er nach der Aufhebung des gegen ihn verhängten Lehrverbots im Wintersemester 1951/52 in Freiburg hielt, behandelt die Frage »Was heißt Denken?«. Dabei ist der Philosoph, mit ausdrücklicher Reverenz an Hölderlin, noch einmal auf die Vergangenheitsherkunft des Zukünftigen und den Bestimmungsgrund eingegangen, in dem Dichten und Denken stehen: »Hölderlin sagt in einem Entwurf zu einer Hymne: ›Ein Zeichen sind wir, deutungslos / Schmerzlos sind wir und haben fast / Die Sprache in der Fremde verloren.‹ Die Entwürfe zur Hymne sind neben Titeln wie ›Die Schlange‹, ›Die Nymphe‹, ›Das Zeichen‹, auch überschrieben: ›Mnemosyne‹. Wir können das griechische Wort in unser deutsches übersetzen, das lautet: Gedächtnis ... Gedächtnis denkt an das Gedachte ..., ist hier die Versammlung des Denkens, das gesammelt bleibt auf das, woran im voraus schon gedacht ist, weil es allem zuvor stets bedacht sein möchte. Gedächtnis ist die Versammlung des Andenkens an das vor allem anderen zu Bedenkende. Diese Versammlung birgt bei sich und verbirgt in sich jenes, woran im vorhinein zu denken bleibt, bei allem, was west und sich als Wesendes und Gewesenes zuspricht. Gedächtnis, das gesammelte Andenken an das Zu-Denkende, ist der Quellgrund des Dichtens. Demnach beruht das Wesen der Dichtung im Denken ... Alles Gedichtete ist der Andacht des Andenkens entsprungen.«[61]

Denker und Dichter – sofern sie sich an die von Heidegger in Hölderlins Namen ausgegebenen Leitlinien halten – stimmen überein, sie stehen auf ein- und demselben Grund. Dennoch tun sie nicht dasselbe, sie können sich nur, von un-

terschiedlichen Wegen her kommend, in gleicher friedlicher
Absicht treffen und dann wieder voneinander entfernen:
»Wenn wir es wagen, das dichterische Wort Hölderlins in
den Bereich des Denkens einzuholen, dann müssen wir uns
freilich hüten, das, was Hölderlin dichterisch sagt, unbe-
dacht mit dem gleichzusetzen, was wir zu denken uns an-
schicken. Das dichtend Gesagte und das denkend Gesagte
sind niemals das gleiche. Aber das eine und das andere kann
in verschiedenen Weisen dasselbe sagen. Dies glückt allerdings nur dann, wenn die Kluft zwischen Dichten und Denken rein und entschieden klafft. Es geschieht, so oft das
Dichten ein hohes und das Denken ein tiefes ist. Auch dies
wußte Hölderlin.«[62]

Dichter und Denker stehen in der Verpflichtung des
Worts, was sie, nach Heideggers Verständnis, eher zu Nach-
schaffenden als zu Freischärlern der Sprache macht. Es geht
um Entgegennahme, um Hinhören, Empfangen, weniger um
dezidiertes Sprachhandeln, das Abgründe aufreißen kann.
Dennoch ist der Mensch ein Ausgezeichneter; durch ihn
spricht das Sein, das sich gleichwohl nicht zu erkennen geben mag, wie es, beispielsweise, mit naturwissenschaftlichen
Vorgängen geschieht, die sich, so als sei Widerstand auf Dauer zwecklos, dem Forscher- und Erkennerdrang ergeben.
Das Geheimnis des Seins läßt sich, wenn überhaupt, nur über
Chiffren aufrufen; sein Nachklang kommt von weither: »Ein
Zeichen sind wir, deutungslos, / Schmerzlos sind wir und haben fast / Die Sprache in der Fremde verloren. / Wenn nämlich über Menschen / Ein Streit ist an dem Himmel und ge-
waltig / Die Monde gehn, so redet / Das Meer auch und
Ströme müssen / Den Pfad sich suchen. Zweifellos / Ist aber
Einer. Der / Kann täglich es ändern. Kaum bedarf er / Ge-
setz. Und es tönet das Blatt und Eichbäume wehn dann neben / Den Firnen. Denn nicht vermögen / Die Himmlischen
alles. Nämlich es reichen / Die Sterblichen eh an den Ab-

grund. Also wendet es sich, das Echo, / Mit diesen. Lang ist / Die Zeit, es ereignet sich aber / Das Wahre.«[63]

Zur Wahrheit wird, was sich in uns ereignet – es muß nur als Wahrheit erkannt werden. Dichter und Denker stehen im Wahrheitsdienst, was anstrengender ist, als seine persönliche Freiheit auszuleben. Für den einzelnen, der sich über Gebühr wichtig nimmt, hat Heidegger keine Sympathien entwickeln können, und auch Hölderlin fand, besonders als man daran ging, eine Gewinn- und Verlustrechnung der französischen Revolution aufzumachen, am Individuum als wehleidiger Gesellschaftsgröße keinen Gefallen mehr. Heideggers und Hölderlins Modell der Wahrheitsfindung ist nicht ans Ich gebunden, benötigt aber einen vom Subjekt belebten Resonanzboden, auf dem sich Wahrheit ereignet und zur Übergabe bereit ist. Den Schauplatz, an dem sich diese Wahrheitsfindung ereignet, hat der Dichter Rainer Maria Rilke, bei guter Tagesform ein (fast) kongenialer Nachfolger des Dichters Friedrich Hölderlin, *Weltinnenraum* genannt: »O Haus, o Wiesenhang, o Abendlicht, / auf einmal bringst du's beinah zum Gesicht / und stehst an uns, umarmend und umarmt. / – Durch alle Wesen reicht der *eine* Raum: / Weltinnenraum. Die Vögel fliegen still / durch uns hindurch. O, der ich wachsen will, / ich seh hinaus, und *in mir* wächst der Baum. / – Ich sorge mich, und in mir steht das Haus. / Ich hüte mich, und in mir ist die Hut. / Geliebter, der ich wurde: an mir ruht / der schönen Schöpfung Bild und weint sich aus.«[64]

Auch wer sich, wie Heidegger und Hölderlin, beizeiten eingestimmt hat auf die Zeichengebung des Seins, vermag nicht zu sagen, wie und wann sie und ob überhaupt erfolgt. Der Mensch, so sagt es Heidegger in einer griffigen Wendung, ist »der Hirt des Seyns«. Dafür braucht er Geduld, nicht aber ein Übermaß an neuzeitlichem Wissen. Der Ort, an dem das Sein noch am ehesten zum Vorschein kommt, ist »die Lichtung«. Wer sich zu ihr vorwagt, befindet sich auf schwer zugänglichem Gelände und hat doch »das Offene« erreicht. Nur hier, so lautet Heideggers Mutmaßung, erfährt er den Zuspruch, der an das Geheimnis rührt: »Das Zu-Denkende wendet sich vom Menschen ab. Es entzieht sich ihm, indem es sich ihm vorenthält ... Man hält die Betroffenheit durch das Wirkliche gern für das, was die Wirklichkeit des Wirklichen ausmacht. Aber die Betroffenheit durch das Wirkliche kann den Menschen gerade gegen das absperren, was ihn angeht, – angeht in der gewiß rätselhaften Weise, daß das Angehen ihm entgeht, indem es sich entzieht ... Wir sind überhaupt nur wir und sind nur die, die wir sind, indem wir in das Sichentziehende weisen. Dieses Weisen ist unser Wesen ... So bleibt uns nur eines, nämlich zu warten, bis das Zu-Denkende sich uns zuspricht. Doch warten besagt hier keineswegs, daß wir das Denken vorerst noch verschieben. Warten heißt hier: Ausschau halten, und zwar innerhalb des schon Gedachten nach dem Ungedachten, das sich im schon Gedachten noch verbirgt. Durch solches Warten sind wir bereits denkend auf einen Gang in das Zu-Denkende unterwegs. Der Gang könnte ein Irrgang sein. Er bleibt jedoch einzig darauf gestimmt, dem zu entsprechen, was es zu bedenken gibt ...«[65]

Warten also – nicht auf Godot, sondern auf das Sein und die Zeichen, die es uns gibt. Warten – zugleich aber unterwegs sein und der Hoffnung anhängen, daß uns die Wahrheit begegnet. Was aber wäre dann – wenn wir *die Wahrheit* tatsächlich einmal erführen? Eine Antwort auf diese Frage erübrigt sich, so oder so, zumal die Wahrheit womöglich zu groß für uns ist, zu überwältigend, zu desillusionierend. Es ist, wie es ist; dies auszuhalten, muß unsere bescheidene Größe ausmachen. Was Gott und die Welt angeht und die Menschen zu sagen haben, ist ohne Gewähr – Hyperions »Schicksalslied« gilt auch für die, die nichts von ihm wissen wollen: »Ihr wandelt droben im Licht / Auf weichem Boden, selige Genien! / Glänzende Götterlüfte / Rühren euch leicht, / Wie die Finger der Künstlerin / Heilige Saiten. / – Schicksallos, wie der schlafende / Säugling, atmen die Himmlischen; / Keusch bewahrt / In bescheidener Knospe, / Blühet ewig / Ihnen der Geist, / Und die seligen Augen / Blicken in stiller / Ewiger Klarheit. / – Doch uns ist gegeben, / Auf keiner Stätte zu ruhn, / Es schwinden, es fallen / Die leidenden Menschen / Blindlings von einer / Stunde zur andern, / Wie Wasser von Klippe / Zu Klippe geworfen, / Jahr lang ins Ungewisse hinab.«[66]

Die Sonne stand hoch am Himmel und hatte doch noch nicht alle Kraft beisammen, die sie für den bevorstehenden Sommer brauchte. So sah sie milchig aus, ein wenig verschwommen, was aber auch an den altgewordenen Augen liegen mochte, die sich zu ihr erhoben. Ja, sie waren alt geworden, die Augen, und nicht nur sie. Elfride Heidegger machte sich da längst nichts mehr vor. Die Kräfte ließen nach, die Körperkräfte ebenso wie die des Geistes; manchmal, an ungünstigen Tagen, wurde jede Bewegung zur Last. Es war nicht so, daß sie dem gleichgültig, ja ergeben gegenüberstand; noch immer – nicht. Natürlich hatte es den üblichen Gewöhnungsprozeß gegeben, den alle Menschen mitmachen müssen, was man ja auch als eine Art Gerechtigkeit ansehen kann: Man gewöhnt sich ans Altern, notgedrungen, und die dazugehörigen schwermütigen Gedanken schleifen sich ab, verlieren, tagtäglich, an Schärfe. Und doch schmerzte es sie noch: die Gewißheit, der Zeit ausgeliefert zu sein, all die Stunden, Tage, Jahre aus der Hand geben zu müssen; am Ende blieb die Grube, das Grab, eine Heimstatt in kalter Erde. Für diese Gewißheit brauchte man eigentlich Trost, es wäre also von Nutzen gewesen, gläubig zu sein. Aber Elfride Heidegger war nie gläubig gewesen, zumin-

dest nicht christengläubig; sie hatte dafür an die Umgestaltung auf Erden geglaubt, an eine wahre Revolution, die sich in den Dienst des höherwertigen Lebens stellte. Mit diesem Glauben konnte sie nun keinen Staat mehr machen, leider – was weniger an ihr selbst lag, sondern am Unvermögen einiger geschichtlicher Figuren, die sich als unentschlossen und hasenherzig erwiesen hatten. Für die Regelung der gewöhnlichen Geschäftigkeit unter Menschen war ihr Glaube ohnehin untauglich gewesen; ihm ging es um das große Ganze, um einen historischen Kraftakt, der die schlechte Gegenwart weggefegt und die bereitstehende Zukunft festlich illuminiert hätte. Aber – vorbei war vorbei; eine einmalige Gelegenheit vertan, verschenkt, verraten. Einen erneuten Versuch würde es nicht geben, nicht in absehbarer Zeit, nicht mit ihr und nicht mit ihm. Elfride Heidegger schaute hinüber zu ihrem Mann, dem größten noch lebenden Denker des Abendlands – so war er, sehr zu Recht, wie sie fand, genannt worden. Er lag im Liegestuhl, der größte noch lebende Denker des Abendlands, und ließ sich die Frühlingssonne auf den Bauch scheinen. Der Liegestuhl stand vor der Hütte, die über Jahre, Jahrzehnte hinweg ihre Trutzburg geworden war, klein, aber fein, und es fiel auf, daß der Liegestuhl schräg stand. Nun befand sich die Hütte ohnehin am Hang, in beträchtlicher Höhe, und das Gelände war dementsprechend abschüssig. Dennoch hatte Martin Heidegger, ihr Mann, den Liegestuhl anders hingestellt als sonst – schräg eben, in eine Kuhle, so daß das Bild des ruhenden Denkers ein prekäres war: jeden Moment, fand Frau Heidegger, konnte es in sich zusammenfallen, da mußte er nur eine unglückliche Bewegung tun, sich einiger dreister Kritiker erwehren etwa, handgreiflich, im Halbschlummer, der ihn übermannt hatte, und er wäre abgestürzt, mitsamt dem ohnehin wackligen Liegestuhl, abgestürzt, den Hang hinunter – ein Vorgang mit Symbolwert, und die dreisten Kritiker, von denen es ja noch immer arg viele gab, hätten ihren Spaß gehabt. Elfride H. sah hinüber auf die andere Seite des Tales; dort standen die Berge im Sonnenlicht, das Schwarz der Wälder war aufgerauht und von hellen Schneisen durchzogen. Wie oft hatten sie beide diesen Blick getan, hinüber auf die andere Seite des Tals, er war zur Selbstverständlichkeit geworden und bot doch, in Momenten einer wie neu antretenden Aufnahmebereitschaft, kleine Geschenke der Wahrnehmung: Die Ansichten des Schwarzwalds, die ihnen mittlerweile zum altvertrauten Inventar geworden waren, veränderten sich dann unter ihren Augen, die Wälder zerfielen, die Enge des Tals verschob sich zu einer trügerischen Weite, und der Himmel, ansonsten über allem verharrend, kam herab, setzte sich fest über den Hängen, hüllte sie ein in Wolken und Nebel. Oder die Veränderungen, die von den Menschen verursacht worden waren: ein ungutes Zurechtfeilen der Landschaft, für die Zwecke des touristischen Kommerzes, was ein Ausschlachten bedeutete und zugleich gröbste Kosmetik war – eine Art Schönheitschirurgie, die von Verächtern der Schönheit und ohne die Einwilligung der jeweils Betroffenen praktiziert wurde. So hatten die Skilifte überhand genommen, dazu die wahllos verstreuten, lieblos zusammengehämmerten Ferienhäuser und die zu ihnen hinaufführenden Asphaltwege, deren einzige Funktion darin bestand, den Feriengästen eine bequeme Anfahrt mit dem Auto zu ermöglichen. Diesem neuen Ungeist hatten sie beide sich entzogen, dachte Elfride H.; ihre Hütte, gebaut vor mehr als vierzig Jahren, ließ sich nur über einen steilen Anstieg erreichen, sie war in die Landschaft eingefügt, und sie besaß nichts von jenem Komfort, der heutzutage für selbstverständlich gehalten wurde. Elfride H. sah den Himmel über sich, der kein Sommerhimmel, sondern ein Frühlingshimmel war, so daß der »strahlende Raum«, von dem ihr Mann einmal gesprochen hatte, als er um eine Beschreibung seiner »Arbeitswelt« gebeten wurde, noch nicht ganz jene Leuchtkraft besaß, die den gelungenen Sommern hier oben zukam, und auch die Habichte, die er erwähnt hatte, waren nicht zu sehen; sonst aber stimmte alles, was in seiner damaligen Beschreibung, ein für allemal, festgehalten worden war. In der Stille, die nur von dem hier üblichen sanften Rauschen untermalt wurde, hörte sie das Knarren der uralten Bäume; schon immer klang es so, als ob die Tannen fallen müßten, steif und im Innern haltlos geworden vom Alter. Sie waren jedoch stehengeblieben, über eine inzwischen unvordenkliche Zeit hinweg, standen fest in der Erde und trotzten den Jahresstürmen nach eingeübter Weise. Ja, das Alter –. Sie sah ihn, ihren Mann, auf einmal merkwürdig eindringlich: Wie er da lag, auf seinem schrägstehenden Liegestuhl, mit geschlossenen Augen, leise säuselnd im Schlummer, unter einer Wolldecke, die sich über seinem Bauch spannte, wirkte er unangenehm klein, ja: kleinlich. Natürlich war er ja klein, körperlich klein, Martin H., der noch lebende größte Denker des Abendlandes, aber in ihrem Blick war dieses mehr in die Breite als in die Höhe zielende Leibesformat stets ausgeglichen, überhöht worden durch seine enorme geistige Größe, so daß er ihr eigentlich als Riese vorgekommen war, der die Gewichte der Welt auf sich versammelte. Jetzt aber, in diesem einen fast fatal zu nennenden Augenblick, kam er ihr wie ein Zwerg vor, ein im wackligen Liegestuhl abgelegter Zwerg, in dessen Körpermitte sich, unter verfilzter Wolldecke, ein albernes Bäuchlein erhob. Elfride H. rieb sich die Augen. Was war nur in ihren Blick gefahren, daß er sich so eine Frechheit erlaubte. Wie konnte sie ihn, den Mann ihres Lebens, nur mit solchen Augen sehen. Sie schaute hinauf zum Frühlingshimmel – so als habe der diesen häßlichen Täuschungsakt ihres Sehens zu verantworten. Die Sonne hatte sich inzwischen noch mehr ausgebreitet, sie legte Glanz übers Land und reichte bis in die entlegeneren Winkel. Als Elfride H. danach wieder den Blick senkte und auf ihn starrte, ihren Denker, war der Kontrast nur noch größer: Martin H., noch immer im Liegestuhl säuselnd, wirkte wie gewaltsam aus der Helle ins Dunkel versetzt,

91

und das Dunkel trug auf, so daß er eigentlich noch kleiner
erschien. Und – noch dicker. Sie kam näher, auf leisen Sohlen,
aber was sie sah, wurde nicht erfreulicher; eher drohte er im
schrägstehenden Liegestuhl noch mehr auseinanderzugehen,
es war, als würde er, vor ihren Augen, von einer bösen Macht
aufgepumpt und kastenförmig gemacht. Sie blieb stehen, eine
Stimme klang ihr den Ohren, seine Stimme, die von früher her
zu ihr empordrang, eine Reminiszenz aus versunknen Tagen,
etwas erinnernd, was ihnen beiden bekannt war, nur zu bekannt, aber auch die Stimme paßte sich dem häßlichen Bild
an, das sie vor Augen hatte, und wiederholte eine seiner wesentlichen Erkenntnisse, in höhnischem Tonfall und ganz und
gar – verfälscht. »Doch das Sein – was ist das Sein?« sagte die
Stimme. »Ich will es dir sagen, Frau. Ich bin es selbst, das Sein,
ich – selbst. Dies zu erfahren und zu sagen, muß das künftige
Denken lernen. Das Sein – das ist nicht Gott und nicht ein
Weltgrund. Das Sein ist weiter denn alles Seiende und ist
gleichwohl dem Menschen und vor allem dir, Frau, näher als
jedes Seiende, sei dies ein Fels, ein Tier, ein Kunstwerk, eine
Maschine, eine Hütte, sei es ein Engel oder Gott. Das Sein, das
ich bin, ist, es ist das Nächste, wodurch das Wort Nächstenliebe,
zumindest für dich, Frau, eine andere Bedeutung gewinnt. Die
Philosophie ist unterwegs zum Sein, also unterwegs zu mir,
und mit ihrem Aufbruch geschieht das endgültige Sich-finden
in das Wort, in mein Wort, in die Sprache.« Die Stimme endete,
und es war, als ob sie ver-endet wäre; ein Gurgeln war noch zu
hören, ein Murmeln – und ein böses, schnell hinweggenom-
menes Gelächter. Wieder rieb Elfride H. sich die Augen, doch
es gab kein Pardon: Noch immer lag er da, in seinem schrägstehenden Liegestuhl, der kleinste und dickste Denker des
Abendlands, und das Säuseln aus seinem Mund klang wie das
Zischeln der ewigen bösen Kreatur. Sie tat zwei Schritte nach
vorn, Elfride H., wollte Hand an ihn legen, unter der überall
hinreichenden Sonne, Hand an den Liegestuhl mitsamt seinem

in ihm lümmelnden Denker, wollte beide den Abhang hinunterpurzeln lassen, was für eine Freude, aber da geschah etwas anderes: Das Stuhl sackte ein, an der am tiefsten gelegenen Stelle, in das frühlingshaft weiche Erdreich; der Denker rutschte so sanft zur Seite, daß er davon nicht mal aufwachen mußte, er blieb liegen, und Elfride H., die sich nun wahrhaftig schämte, fand, daß er aussah wie ein kompaktes Vieh in der Sonne.

Ansonsten aber gestattete sie sich, in der Folgezeit, keine anarchischen Gedankengänge mehr, sie wären ihr ohnehin fremd geblieben. Ihre Stellung hielt sie bis zum Schluß. In einem Nachruf, den sie dankenswerterweise nicht mehr lesen mußte, weil sie sich da schon verabschiedet hatte, hieß es über Elfride H.: Im Sommer 1916, der für ihn ansonsten nicht sehr erfolgreich verlief, lernte Heidegger, ein kleingewachsener, dunkelhaariger Mann mit eigenartigem Charme, seine zukünftige Frau Elfride Petri kennen. Es geschah am Bodensee, genauer gesagt: auf der Insel Reichenau, und es war der Beginn einer Liebe, die sich, anschließend, durch schwere Zeiten lavierte. Elfride Petri, Offizierstochter, der später die dazu passenden Allüren nachgesagt wurden, stammte aus dem Norden; mit süddeutscher, im besonderen alemannischer Mentalität tat sie sich ein Leben lang schwer. Die »wissende Heiterkeit«, von der Heidegger später einige Male sprach (und die er selbst wohl nur sparsam bedienen konnte), war nicht unbedingt ihre Sache. Dafür zeigte sie eine Treue, die an Ergebenheit grenzte. Schon früh erkannte sie das Außergewöhnliche an Heidegger, das sie zwar nicht unbedingt verstand, aber stets mit Entschiedenheit verteidigte und unterstützte. Den eigenen Lebensentwurf – bis zu ihrer Eheschließung (im März 1917) bewies sie sich als Studentin der Nationalökonomie in einem Fach, das von Männern dominiert wurde – stellte sie, wie selbstverständlich, zugunsten der Karriere ihres Mannes zurück, was ihr vermutlich nicht ganz leichtgefallen ist. Elfride Heidegger, als *verhinderter Wirtschaftswissenschaftlerin, lag denn auch das »rechnende Denken«, von dem Heidegger nicht viel hielt, mehr als die Philosophie, der sie nur dann etwas abgewinnen konnte, wenn dieser im eigenen Hause höchstrichterliche Billigung zuteil geworden war. Während sie Heidegger ansonsten in (fast) allem folgte, ging sie ihm voran, als es zweckmäßig wurde, Gesinnung zu zeigen. Es ist wohl richtig, wenn man sagt, daß Elfride H. eine überzeugte Nationalsozialistin war, die nicht nur der damals weitverbreiteten, aus den unterschiedlichsten Irrationalismen zusammengebrauten Aufbruchstimmung erlag, sondern sich auch als Aktivistin präsentierte, der antisemitische Ressentiments keineswegs fremd waren. Folgt man diversen Zeitzeugen, so hat sie sich zudem einen hartnäckigen Rest an Unbelehrbarkeit bewahrt, der den Umgang mit ihr, um es milde zu sagen, etwas erschwerte; wahrscheinlich ist es auch diese Unbelehrbarkeit gewesen, die Hannah Arendt, Heideggers große Liebe, zu dem Stoßseufzer veranlaßte: »Die Frau, fürchte ich, wird so lange ich lebe bereit sein, alle Juden zu ersäufen. Sie ist leider einfach mordsdämlich ...« Mordsdämlich war Elfride H. sicher nicht; im Laufe der Zeit wurde sie für Heidegger nur noch wertvoller, weil: unentbehrlich. Sie nahm ihm das Unangenehme ab, entwickelte taktisch-organisatorisches Geschick, wenn es galt, die Biographie ihres Mannes ins Tragische hinein umzudeuten. Heidegger wußte, was er an seiner Elfride hatte, und in Gedanken ist er der Lebens- und Zweckgemeinschaft, die ihn mit seiner Frau verband, immer treu geblieben. Von der Liebe, in der sie beide einst zusammenfanden, kündet noch ein Gedicht, das Heidegger in Erinnerung an den Sommer 1916 schrieb – »Abendgang auf der Reichenau« heißt es und geht so: »Seewärts fließt ein silbern Leuchten / zu fernen dunkeln Ufern fort, / und in den sommermüden, abendfeuchten / Gärten sinkt wie ein verhalten Liebeswort / die Nacht. / Und zwischen mondenweißen Giebeln / verfängt sich noch ein letzter Vogelruf / vom alten Turmdach*

her – / und was der lichte Sommertag mir schuf / ruht früchte-
schwer – / aus Ewigkeiten / eine sinnentrückte Fracht – / mir
in der grauen Wüste / einer großen Einfalt.«

»Verzeihen Sie, liebste Mutter! wenn ich Ihnen nicht für Sie
sollte ganz verständlich machen können. – Ich wiederhole
ihnen mit Höflichkeit, was ich zu sagen die Ehre haben konnte. Ich bitte den guten Gott, daß er, wie ich als Gelehrter
spreche, Ihnen helfe in allem und mir. Nehmen Sie sich meiner an. Die Zeit ist buchstabengenau und allbarmherzig.«

    Hölderlin[67]

DAS GROSSE GEHEIMNIS

»Solange etwas ist, ist es nicht das, was es gewesen sein wird. Wenn etwas vorbei ist, ist man nicht mehr der, dem es passierte. Allerdings ist man dem näher als anderen. Obwohl es die Vergangenheit, als sie Gegenwart war, nicht gegeben hat, drängt sie sich jetzt auf, als habe es sie so gegeben, wie sie sich jetzt aufdrängt. (…)

Als das war, von dem wir jetzt sagen, daß es gewesen sei, haben wir nicht gewußt, daß es ist. Jetzt sagen wir, daß es so und so gewesen sei, obwohl wir damals, als es war, nichts von dem wußten, was wir jetzt sagen. – In der Vergangenheit, die alle zusammen haben, kann man herumgehen wie in einem Museum. Die eigene Vergangenheit ist nicht begehbar. Wir haben von ihr nur das, was sie von selbst preisgibt …«

Martin Walser[68]

Manchmal schauen wir ohne Absicht und erhalten doch schon das Ganze. Aus dem Bannkreis eines Anblicks, der nicht für uns erdacht wurde, ergibt sich das Innige und Wahre, und wir erfahren den Anspruch des Heiligen. Eine andere Welt als die offensichtliche tut sich auf; sie ist mehr zu erahnen, als daß sie nachzuzeichnen oder zu bewahren wäre. Denn auch das große, das erhabene Bild unterliegt der Zeit, die an jedem ihrer geglückten Momente zwar die Ewigkeit hat, in ihrem gewöhnlichen Verlauf jedoch das Wissen am Vergessen bemißt. So kann sich der ergreifende Anblick, der alles umfassen kann, was dem Menschen nahegeht, Gestalt, Landschaft, Natur, Kunstschönheit, Seelenanmut und

Glücksgefühl, auch nicht selber erhalten; er wird der Erinnerung überstellt, die das grandiose Bild, sofern sie ein Aufhebens davon macht, bestenfalls zum gelungenen Abbild werden läßt. Friedrich Hölderlin, der ein Dichter war, wie ihn später vielleicht nur noch Rilke zu geben vermochte, sah sich in jungen Jahren einem solchen Bild ausgesetzt; es war unspektakulär und stimmig, und es rührte an eine Gewißheit, die sich noch zu erweisen hatte. Der sechzehnjährige Hölderlin versuchte sie im Gedicht für einen Freund mitzuteilen: »Guter Carl! – in jenen schönen Tagen / Saß ich einst mit dir am Neckarstrand. / Fröhlich sahen wir die Welle an das Ufer schlagen, / Leiteten uns Bächlein durch den Sand. / Endlich sah ich auf. Im Abendschimmer / Stand der Strom. Ein heiliges Gefühl / bebte mir durchs Herz; und plötzlich scherzt' ich nimmer, / Plötzlich stand ich ernster auf vom Knabenspiel ...«[69]

Der heimatliche Neckar, den Hölderlin sieht, ist nicht groß, aber im entbergenden Licht nimmt er Größe an und wird zum Bild, das bleiben soll. Zwei Jahre später steht Hölderlin an einem wirklichen Strom, am Rhein bei Speyer, und erneut hält er Andacht; sein Reisetagebuch vermerkt: »Ein Strom, der dreimal breiter ist als der Neckar, wo der am breitesten ist – dieser Strom von oben herab an beiden Ufern von Wäldern beschattet – und weiter hinab die Aussicht über ihn so lang, daß einem der Kopf schwindelte – das war der Anblick – ich werd' ihn nie vergessen, er rührte mich außerordentlich ...« Was damit in Gang gesetzt wurde, war eine Selbstfindung, die nicht auf dem Selbst beruht, sondern auf einer Schenkung, deren Urheber unerkannt bleiben will. Gleichwohl ist sie drängend: »Von nun an konnt' ich nichts mehr denken, was ich zuvor dachte, die Welt war mir heiliger geworden, aber geheimnisvoller. Neue Gedanken, die mein Innerstes erschütterten, flammten mir durch die Seele.

Es war mir unmöglich, sie festzuhalten, ruhig fortzusinnen ... Wir sind nichts; was wir suchen, ist alles.«[70]

Hölderlin hat das Bild vom Strom, das, so sagt er später, dem einen »heiligen Bild gehört, das wir bilden«, in ein wiederkehrendes Eingedenken gebracht. Der Strom, frei verharrend im Blick seines Betrachters, ist Teil einer anderen, dem Erhabenen zugewandten Ordnung, die in versunknen schönen Tagen ruht, aber weiterlebt für den, der sich empfänglich zeigt für die Zeichen ihrer Anwesenheit. Sie stehen für Fraglosigkeit, nicht für fraglose Gewißheit, die dem Verfall anheimgegeben ist, der nur unter Menschen gilt: »Könnt ich sie zurückbringen, diese stille Feier, diese heilige Ruhe im Innern, wo auch der leiseste Laut vernehmbar ist, der aus der Tiefe des Geistes kommt und die leiseste Berührung von außen, vom Himmel her, und aus den Zweigen und Bäumen – ich kann es nicht aussprechen, wie mir oft ward, wenn ich so dastand vor der göttlichen Natur, und alles Irdische in mir verstummte – da ist er uns so nahe, der Unsichtbare!«[71]

Für den großen Unsichtbaren und sein Wirken ist Hölderlin überaus empfänglich gewesen; der Spannung zwischen dem gewöhnlichen Vernünftigen und dem göttlichen Übermächtigen, den der Alltagsmensch, aus gutem Grund, nicht fassen kann, weil er dabei seine ganze notdürftige Identität zu verlieren droht, konnte er nur um den Preis eines gewaltsamen, den normalen Verstand beeinträchtigenden Friedens entkommen; danach hatte er seine Ruh', die den anderen als Wahnsinn erschien oder, in etwas vornehmerer Einschätzung, für geistige Umnachtung gehalten wurde. Das eine heilige Bild: Es ruft erst Ergebenheit und Demut, dann schiere Verzweiflung hervor; das Bild fügt sich zwar dem Geheimnis, das es auch in der Offenheit noch bleibt, nicht aber dem Kopf, in dem es bewahrt werden soll: »Es muß heraus, das große Geheimnis, das mir das Leben gibt oder den Tod ... Oft konnte ich insgeheim von einem kleinen erkauften Besitztum, von einer Kahnfahrt, von einem Tale, das mir ein Berg verbarg, erwarten, was ich suchte ... Meine ganze Seele sträubt sich gegen das Wesenlose. Was mir nicht Alles und ewig Alles ist, ist mir Nichts ... Wo finden wir das Eine, das uns Ruhe gibt, Ruhe? Wo tönt sie uns einmal wieder, die Melodie unseres Herzens, in den seligen Tagen der Kindheit?«[72]

Wenn der Mensch überhaupt je bei sich selbst sein kann und dabei von seinem Gott nicht verlassen ist, dann gelingt ihm dies als Kind. Das Kind ist gutherzig, unschuldig, neugierig, es spielt mit der Welt, die ihm groß und staunenswert vorkommt, aber zugleich fügsam genug erscheint, um sich ihm, dem Kind, anverwandeln zu können. Die Zeit steht ihm unbegrenzt zur Verfügung: Indem es von Augenblick zu Augenblick lebt und, ganz ohne Arg, in sich selbst ruht, ist es an sich schon unsterblich. Alle nachfolgenden Ablösungsprozesse nämlich gelten nicht mehr dem Kind; es gehört einer Geistwelt an, zu der, wenig später, auch die alten Leute wieder Zugang haben, auf deren Gesichtern sich das gelebte Leben wie eine Rätselschrift ablesen läßt. Kindsein, erklärt Hölderlin, soll einfach und unvergänglich sein: »Es ist ganz, was es ist, und darum ist es so schön. / Der Zwang des Gesetzes und des Schicksals betastet es nicht; im / Kind ist Freiheit allein. / In ihm ist Frieden; es ist noch mit sich selber nicht zerfallen. Reichtum / ist in ihm; es kennt sein Herz, die Dürftigkeit des Lebens nicht. / Es ist unsterblich, denn es weiß vom Tode nichts.«[73]

Der Tod aber, der zum Leben gehört, wird, wenn das Kind dem Kindsein entwächst, zu einer seltsamen Gewißheit, die zunächst nur den anderen droht; wer erlebt schon sein eigenes Sterben und könnte dann, so als wäre nichts gewesen, noch darüber berichten. Diese Eigenart des Todes, der, bei aller Präsenz, etwas Verhuschtes hat, weil er die persönliche Auseinandersetzung zu scheuen scheint, macht seine unwiderlegbare Tücke aus; man wird ihn nicht los, nicht mal in Gedanken. Für das Kind, das schließlich erwachsen geworden ist, bleibt nur der gefaßte Blick zurück: »Da ich ein Knabe war, / Rettet' ein Gott mich oft / Vom Geschrei und der Rute der Menschen, / Da spielt' ich sicher und gut / Mit den Blumen des Hains, / Und die Lüftchen des Himmels / Spielten mit mir / ... – O all ihr treuen / Freundlichen Götter! / Daß ihr wüßtet, / Wie euch meine Seele geliebt! – Zwar damals rief ich noch nicht / Euch mit Namen, auch ihr / Nanntet mich nie, wie die Menschen sich nennen / Als kennten sie sich. / – Doch kannt' ich euch besser, / Als ich je die Menschen gekannt, / Ich verstand die Stille des Äthers / Der Menschen Worte verstand ich nie. / – Mich erzog der Wohllaut / Des säuselnden Hains / Und lieben lernt' ich / Unter den Blumen. / – Im Arme der Götter wuchs ich groß.«[74]

Wer sich, so oder anders, über seine Vergangenheit beugt, die immer eine mutmaßliche Vergangenheit ist, ist auf den Zubringerdienst der Erinnerung angewiesen. Ihre Einflüsterungen sind eher eigenwillig als zuverlässig; insgesamt muß man aber dankbar sein, wenn die Erinnerung überhaupt noch zu einem spricht. Etwas verkürzt gesagt: Ohne Erinnerung fehlt dem bewussten Leben des Menschen jene Mitteilbarkeit, in deren Zentrum sich das Ich eingehaust hat und Ordnung zu halten sucht. Womöglich gehört es also tatsächlich zu den Wundern, mit denen wir umgehen, ohne uns zu wundern: das Erinnerungsvermögen des Menschen, das ihm, in dezentester Dienstfertigkeit, hilft, eine Berechenbarkeit in sein Tun und Treiben zu legen und dabei, im übergreifenden Sinn, als Person aufzutreten, als ein wiedererkennbares Selbst mit einer nur ihm gehörigen Identität. *Ein stilles Heiligtum* nannte der Philosoph und Kirchenvater Augustinus die Erinnerung, der sich sich allerdings noch auf die Kunst verstand, zu staunen und sich, unter höherem Beistand, begeistern zu lassen. In der Welt der Erinnerung wird jeder einzelne auf sich selbst zurückgeworfen, er bekommt vorgeführt, was die Erinnerung ihm hinterläßt und was sie ihm zumutet, ohne erkennbare Regelhaftigkeit, in mal wunderbarer, mal erschreckender Willkür. Die Erinnerungen kommen und gehen, sie sind so frei, wie sie in sich selbst frei sein können, und zugleich erweisen sie sich als unverzichtbar für das lebenslang währende Gespräch, das der Mensch mit der Welt und mit sich selber führt. Der Weg, den das Erinnern nimmt, bleibt geheimnisvoll, daran hat sich bis heute nicht viel geändert; wir wissen nicht, was die Erinnerung für würdig hält, erinnert zu werden, und wie sich, auch danach hat Augustinus schon gefragt, die Dinge in Gedächtnisbilder umformen lassen: »Von wo sie zu mir kamen, das mögen sie mir selbst, wenn sie es können, sagen. Denn frag ich nach der Reihe alle Türen meines Fleisches, nicht eine finde ich, durch die sie eingezogen sind. Die Augen sagen mir: Nur wenn sie Farben hatten, waren wir es, die sie meldeten. Die Ohren sagen: Erklangen sie, so haben wir sie angezeigt. Die Nase sagt: Haben sie Geruch, sind sie durch mich hereingekommen. Der Geschmackssinn aber sagt: War's kein Geschmack, so darfst du mich nicht danach fragen. Und das Gefühl sagt: War's kein Körper, so hab ich's nicht getastet, hab ich's nicht gemeldet. Woher nun also und auf welchem Wege kamen diese Dinge in mein Erinnern? Ich weiß es nicht ...«[75]

DÄMMERUNGEN

»Die Türen und Fenstern des Bewußtseins zeitweilig schließen; von dem Lärm und Kampf, mit dem unsere Unterwelt in
ihren Organen für und gegen einander arbeitet, unbehelligt
bleiben; ein wenig Stille, ein wenig tabula rasa des Bewußtseins – das ist der Nutzen der … aktiven Vergeßlichkeit, einer
Türwärterin gleichsam, einer Aufrechterhalterin der see-
lischen Ordnung, der Ruhe, der Etikette: womit sofort ab-
zusehn ist, inwiefern es kein Glück, keine Heiterkeit, keine
Hoffnung, keinen Stolz, keine *Gegenwart* geben könnte ohne
Vergesslichkeit …«
                    Friedrich Nietzsche[76]

*Eine der Erinnerungen, die ihm auf dem Grenzgang zwischen
seinem ersten und zweiten Leben blieben, um dann doch irgendwann zu verblassen, handelte von einem Marsch am
Meer, den er, genauer besehen, wohl gar nicht angetreten hatte. Egal. Auf diesem Marsch hatte er sich Überlegungen hinge-
geben, die auf Höheres verwiesen, also letztlich nicht haltbar
und auch nicht ergiebig waren. Die ganze Gegend war meer-
läufig, der körnige Strand, das weit zurückgetretene Wasser,
der steile, gräulich bezogene Himmel, der am Ende des Flach-
lands jäh abfiel und in die See stürzte. Das alles gab es noch,
und so durfte er folgern, daß er sich noch nicht allzuweit von
seinem Ausgangspunkt entfernt hatte, obwohl er schon Stunden unterwegs war. Am frühen Morgen, der in dieser Gegend
schon etwas Angeschwärztes hatte, einen Schuß Düsternis wie
der späte Nachmittag, war er aufgebrochen; seine Pension, die-*

ses putzige reedgedeckte Haus mit der blauäugigen, leider
nicht mehr so jungen Wirtin hinter dem zentralen Wach- und
Ausguckfensterchen, hatte er verlassen, und er wurde, kaum
war er ins Freie getappt, mit munterem Sprühregen bedacht,
mit Windstößen, die ihm die Nässe wie zur Bestrafung ins Gesicht schlugen. Fast wäre er umgekehrt bei derart unfreund-
licher Behandlung, einem Empfang der groben Art; er schaute
zurück, und hinter der Gardine sah er seine Wirtin, diese schöne alte Frau, die sich schier ausschütten wollte vor Lachen. So
ging er denn los, in seinen ältesten Mantel gehüllt, der den
Regen zunächst abfederte; das Kleidungsstück hatte schließlich schon andere starke Märsche mitgemacht; irgendwann
aber, wenn der vom Wind bösartig verstärkte Wassersturz
nicht nachließ, würde er durchgeweicht sein, ein triefender
Wanderer, dem die Nässe bereits in den Augen stand. Bei dem
Gedanken daran fror er schon jetzt, er fror wie ein Schneider,
und so legte er Geschwindigkeit zu, wurde schneller und
schneller, bis der Strand erreicht war, diese menschenleere
Wüste aus Sand, Geröll, verblichenen Quallen, über die gelb-
schnäbelige Vögel zogen; schreiend. Da ließ der Regen nach,
gerade rechtzeitig, ein Stück Sonne kam hervor, seltsam fleck-
ig anzusehen, und der Wind machte eine Pause. Kein Mensch
war zu sehen, keine Seele; ein gänzlich entvölkertes Land. Dabei hatten sich an ebendiesem ungesund aussehenden Strand
vor wenigen Wochen noch wahre Geselligkeitsfeiern abge-
spielt; damals war, was später in Mode kam, Saison, Urlaubs-
zeit, die aber so schnell zu Ende ging, wie sie begonnen hatte,
und als alle verschwunden waren, alle, Familienverbände,
Greise, Vereine, er hatte das nachgeprüft, persönlich, da kam
er, stieg ab in einem nunmehr aufatmenden Land, das sich
zum Wasser hinzog, und er meinte, die herkömmliche Einsamkeit mit Händen greifen zu können, jene Einsamkeit also, die
auf der bloßen Abwesenheit von Menschen beruht. Das aber
war zu kurz gedacht, wie sich herausstellte; die herkömmliche

Einsamkeit nämlich, ein freudloser Zustand, reichte ihm nicht; sie bedurfte der Steigerung, verlangte den Aufstieg zur, wie sein Freund Hegel sie nannte, schlechten Ewigkeit, von der man einen vorzüglichen Ausblick hatte auf das weltumspannende Desaster.

Er marschierte auf den Horizont zu, der wirklich nicht großartig war, ein fades Stück Himmel, eine Grenze zwischen Wasser und Erde, unpassierbar und deswegen auch unbewacht. Es störte ihn nicht, daß der Regen wieder einsetzte und der Wind nun sehr hektisch von der Seite her blies. Manchmal sank er etwas tiefer in den feuchten Mahlsand ein, der hier angeschwemmt worden war, aber das machte ihm keine Sorgen, denn er hatte ja noch immer einen gewaltigen Schritt am Leib – und auch den Weg zurück, den würde er finden; wenn nicht heute, dann morgen. Man wartete doch auf ihn, mit starken Gefühlen; eine ganze Weiberschar wartete auf ihn, ausgesucht nach den Kriterien der Leidenschaft und betreut von seiner Wirtin, dieser schönen und nicht mehr so jungen Frau, der nichts Begehrliches fremd war im Kosmos altehrwürdiger Schlüpfrigkeiten. Wer aber war er? Da gab es, noch immer, keine Zweifel; was er wußte, mußte ihm genügen. Hatte er sich doch einst selbst jene folgenschwere Geschichte ausgedacht, die, in leicht veränderter Form, an den Anfang der Bibel geraten war. Dort wurde berichtet, wie der alte Herr Gott, aus purer Langeweile, den Menschen erfand, der ihn unterhalten sollte. Aber siehe da: der Mensch langweilte sich auch, genau wie sein Erfinder, was den alten Herrn Gott mitleidig stimmte. Er ließ sich weitere Erfindungen einfallen: Tiere, Pflanzen, feuerspeiende Berge, das Wetter und anderes mehr. Doch den Menschen konnte er damit nicht beeindrucken; der nämlich langweilte sich noch immer, was ihn aber nicht daran hinderte, sich zum Herrscher über alles Getier zu erklären. Der alte Herr Gott wurde nun langsam ungehalten; eine bemerkenswert ungehörige Kreatur, die er da in die Welt gesetzt hatte. So erfand

104

er, der Not gehorchend, einen zweiten Menschen, das Weib. Mit
der Langeweile war es danach vorbei, aber auch mit der Ruhe,
auf die der Herr Gott, seinem Alter entsprechend, einen gewissen Wert legen mußte. Die beiden Menschen, die er geschaffen
hatte – nach bestem Wissen und Gewissen – waren Feuer und
Flamme für einander; ihr Umgangston dem Herrn Gott gegenüber ließ allerdings sehr zu wünschen übrig. Unangenehm war
auch, daß sie ihre eigenen Gedanken hatten, in die sie sich geradezu fanatisch vertieften. Kurzum: Gottes Erfindung, der
Mensch, machte ihm keine Freude, und so entschloß er sich,
ihn mitsamt Partnerin aus seinem Garten, dem sogenannten
Paradies, zu verweisen. Sie folgten seiner Anordnung, leichten
Herzens, wie es schien, denn beim Abgang entboten sie ihm
noch einen höhnischen Gruß. Jetzt reicht es aber! ruft da der
Herr Gott. Und dann legt er nach, wird wütend; einen richtigen
Altherrenzorn entwickelt er, der ihn noch einmal mächtig er-
finderisch macht. Eine Errungenschaft nach der andern läßt er
vom Stapel; er denkt sich Not aus, den Tod, Lebensgefahr und
Schwangerschaft, jede Art von Elend, Alter, Mühsal und, besonders gelungen, weil unglaublich zäh, die Krankheit, ein
wahres Vermehrungsmonster, dem ständig heimtückische
Nachkommenschaften entschlüpften. All das türmt er vor den
Menschen auf, die sich inzwischen geradezu hektisch vermeh-
ren und damit begonnen haben, ihre Gedanken zu kultivieren;
ihnen ist es gelungen, die Wissenschaft auszuhecken, eine Er-
kenntnismaschinerie von hohen Graden. Damit nehmen sie sogar den Himmel ins Visier; entsetzlich. Der alte Herr Gott, der
sich auf seine Kämpferqualitäten besinnt, reagiert mit dem
göttlichen Mut der Verzweiflung: Er erfindet den Krieg, trennt
die Völker, er macht, daß die Menschen sich gegenseitig ver-
nichten – und den Überlebenden, die leider die Mehrheit bilden, stellt er wachsame Priester zur Seite, Ränkegesellen, erfahren in Lug und Trug. Aber all das nützt nichts, der
Mensch, dieses nun gänzlich mit Wissenschaft munitionierte

Herdentier, geht zum Gegenangriff über. Ich werde ihn er-
säufen müssen! murmelt der Herr Gott noch und befindet sich
seither auf der Flucht ...

Weit war er gegangen, unter dem stärker werdenden Re-
gen hindurch, und er hatte den Horizont erreicht, eine nicht
sonderlich stabil wirkende Himmelswand, die dort stand wie
eine Falltür. Er fröstelte; es war Zeit umzukehren, zurück-
zulaufen an diesem endlos langen, menschenleeren Strand,
der schließlich in einen grasbewachsenen Deich mündete, hin-
ter dem das Häuschen lag, in dem er so sehnsüchtig erwartet
wurde. Er machte also auf dem Absatz kehrt, ging seines We-
ges, den eigenen Spuren im Sand nach, eine geradezu beruhi-
gende Kontinuität; wo er ankam, war er bereits, er blieb, der er
war. Mit einem Mal jedoch merkte er, daß es nicht mehr so
recht vorwärtsging; er trat förmlich auf der Stelle. Schweiß
brach ihm aus, und dann war da auch noch das Wasser; es hat-
te sich angeschlichen; Woge um Woge, vom fernen Vereini-
gungspunkt von Land und Meer war es herübergeschwappt,
eine nun beängstigend weite und finstere See, deren Ausläufer
bereits seine Stiefel umspülten. Das mußte mehr sein als ein
bloßer Gezeitenwechsel, so schnell war keine normale Flut;
das Wasser, keineswegs aufgetürmt zu halsbrecherischem Wel-
lenschlag, sondern nur eine gierig schmatzende, fast vollstän-
dig flache Wüstenei, die sich abartig schnell vergrößerte, dieses
Wasser, dunkel und ölig glänzend und an manchen Stellen mit
grüngelben Schaumrändern besetzt, hatte es auf ihn abge-
sehen, kein Zweifel. Er war geschickt worden, ihn zu erwi-
schen, endlich und endgültig; er war doch der Mensch, den
man umlegen mußte, der einzige Mensch unter ekelhaft vielen;
ihm war die Geschichte zu verdanken, diese an die Spitze der
Bibel beförderte Geschichte; das hatte er nun herausgefunden,
der Herr Gott, und sich an seine letzte, ins Unreine gemur-
melte Drohung erinnert: Ich werde ihn ersäufen müssen! Jetzt
war es soweit, und es wurde nicht Licht, sondern ernst.

Erinnerungen, auch wenn sie uns gelegentlich in eine unerhörte, der Zeit enthobene Leichtigkeit versetzen, wiegen schwer, und das ist gut so. Erinnerung macht einen erstrangigen Ordnungsfaktor in unserem Leben aus, und damit er eine nicht allzu gewichtige Ordnung bildet, unter der wir zusammenzubrechen drohen, wurde uns das Vergessen gegeben. Das Vergessen ist auch deshalb so wohltuend, weil es das punktuelle Erinnern um so schöner und eindringlicher erscheinen läßt. Wie Lichtpunkte auf einem ansonsten gleichmäßig düsteren Meer glimmen die Erinnerungen auf, und sie muten für den, der sie durchlebt, so hell an, daß er kaum noch davon lassen möchte. Das Bild, das man mit zunehmendem Alter von sich selbst gewinnt, setzt sich aus Erinnern und Vergessen zusammen, dem das dünner werdende Band der Gegenwart einen nicht immer vertrauenerweckenden Halt verleiht. Der Blick auf das eigene Leben, der Rückblick zumal, schärft sich mit der Zeit an der eigenen Hellsichtigkeit, die uns ebenso wehmütig wie brüchig vorkommt. Das Vergängliche, dem die Jugend sehr zu Recht nur wenig Aufmerksamkeit schenken mag, meldet sich zu Wort, und seine Stimme, noch immer eher sanft, wird eindringlicher. Das Ich, das sich im Lauf der Zeit immer mehr in sich selbst zurückzieht, arbeitet sich bestenfalls zu einer gewissen Altersweisheit vor; wirklich klüger wird es jedoch nicht, eher schon wunderlich, und mit zunehmendem Alter hütet es seine Erinnerungen wie der Geizhals sein angespartes Vermögen.

Irgendwann aber, aus Sicht der Betroffenen meist etwas zu früh, wird das Ich abberufen und geht, wiederum von Erinnerungen begleitet, für die nun aber andere zuständig sind, zur Nachwelt über, deren Urteile allerdings oft befremdlich ausfallen, so dass es sich für verkannte Künstler, von denen es viele, vielleicht zu viele gibt, nicht empfiehlt, auf den Entdeckermut ebendieser Nachwelt zu hoffen, zumal

man sich für deren nachträglich ausgerufene Rühmungen
ohnehin nichts mehr kaufen kann. Mit Hölderlin hat es die
Nachwelt gut gemeint, er wird heute in hohem Maße wert-
geschätzt, was womöglich auch daran liegt, dass Hälfte zwei
seines Lebens interessant und anrührend zugleich anmutet.
Ein geistig umnachteter Dichter im Turm macht sich gut –
wie sich überhaupt geistige Umnachtung für ambitionierte
Marketingmaßnahmen gut macht, was, noch dezidierter, an
Friedrich Nietzsche abzusehen ist, dessen Aufstieg zum großen Philosophen erst in Schwung kam, als sich seine Schwester, die es auf ihre Weise gut mit ihm meinte, seines Wahnsinns annahm und für höhere Zwecke zurichtete.

Zu Lebzeiten war Hölderlin meist ein Verkannter, was,
kurioserweise, auch Heidegger für sich reklamierte. Er, der
von den Zuwendungen des Ruhms eher zuviel als zuwenig
abbekam, fühlte sich auf ärgerliche Weise missverstanden;
dafür konnte er nichts, glaubte er, wohl aber die anderen,
die sich, bevorzugt und gern und gern auch immer wieder,
an seiner Biographie rieben, in der es tatsächlich ein un-
rühmliches Kapitel gibt: seine Verstrickung in den Nationalsozialismus, die kein Versehen war, sondern unter eigener,
von Hochmutsphantasien begleiteter Billigung stand, wovon
nicht nur die ominösen, erst spät zugänglich gemachten
»Schwarzen Hefte« Aufschluß geben, die jedoch, erfreu-
licherweise, nicht unser Thema sind.[77] Heidegger hatte, milde gesprochen, eine gewisse Unbelehrbarkeit an sich, die
den Umgang mit ihm nicht gerade leicht machten; zudem
fühlte er sich manchmal auch dann angegriffen, wenn keine
ernstzunehmenden Angreifer in Sicht waren. Wie ein reales
Gespräch zwischen Heidegger Hölderlin verlaufen wäre,
mag man sich im einzelnen nicht vorstellen; es könnte dabei
grotesk zugegangen sein, vielleicht auch nur traurig, besonders wenn der Philosoph seinen Dichter in dessen Turmzimmer aufgesucht hätte, wo die Gespräche, wenn sie denn

geführt wurden, einem eigenen, letztlich nicht einsehbaren Regelwerk folgten.

»(...) Man besinnt sich, man zaudert anzupochen, man fühlt sich merklich beunruhigt. Zuletzt klopft man an, und ein heftiges, lautes ›Herein!‹ wird gehört. Man öffnet die Türe, und eine hagere Gestalt steht in der Mitte des Zimmers, welche sich aufs tiefste verneigt, nicht aufhören will, Komplimente zu machen, und dabei Manieren zeigt, die voll Grazie wären, wenn sie nicht etwas Krampfhaftes an sich hätten. Man bewundert das Profil, die hohe gedankenschwere Stirn, das freundliche, freilich erloschene, aber noch nicht seelenlose, liebe Auge, man sieht die verwüstenden Spuren der geistigen Krankheit in den Wangen, am Mund, an der Nase, über dem Auge, wo ein drückender, schmerzlicher Zug liegt, und gewahrt mit Bedauern und Trauer die konvulsivische Bewegung, die durch das ganze Gesicht sich zuweilen verbreitet, die ihm die Schultern in die Höhe treibt und besonders die Hände und Finger zucken macht. Er trägt ein einfaches Wams, in dessen Seitentaschen er gern die Hände steckt. Man sagt einige einleitende Worte, die mit den verbindlichsten Verbeugungen und einem Schwall von Worten empfangen werden, die ohne allen Sinn sind und den Fremden verwirren. Hölderlin fühlt jetzt, artig, wie er war und er der Form nach noch es ist, die Notwendigkeit, dem Gast etwas Freundliches zu sagen, eine Frage an ihn zu richten. Er tut es; man vernimmt einige Worte, die verständlich sind, die aber meist unmöglich beantwortet werden können. Hölderlin selbst erwartet nicht im mindesten Antwort und verwirrt sich im Gegenteil aufs äußerste, wenn der Fremde sich bemüht, einen Gedanken zu verfolgen. (...) Der Fremde sieht sich ›Eure Majestät‹, ›Eure Heiligkeit‹, ›gnädiger Herr Pater‹ betitelt. Allein Hölderlin ist äußerst unruhig; er empfängt

solche Besuche sehr ungern und ist nachher immer verstörter als früher. (…) Hölderlin fing auch bald an, für den Besuch zu danken, sich abermals zu verbeugen, und es war alsdann gut, wenn man nicht länger verweilte. – Länger hielt sich auch keiner bei ihm auf. Selbst seine früheren Bekannten fanden eine solche Unterhaltung zu unheimlich, zu drükkend, zu langweilig, zu sinnlos.«
　　Wilhelm Waiblinger[78]

»Abgezogenheit von allem Lebendigen, das war es, was ich suchte. (…) Allmählich war mir das, was man vor Augen hat, so fremde geworden, dass ich es beinahe mit Staunen ansah. (…) Ich kam mir vor wie ein Geist, der sich über die Mitternachtsstunde verweilt hat, und den Hahnenschrei hört. (…) Meinem Herzen ist oft wohl in dieser Dämmerung. Ich weiß nicht, wie mir geschieht (…). Mein ganzes Wesen verstummt und lauscht (…). Mir wird, als schlösse sich die Pforte des Unsichtbaren mir auf und ich verginge mit allem, was um mich ist, bis ein Rauschen im Gesträuche mich aufgweckt aus dem seeligen Tode (…). Meinem Herzen ist wohl in dieser Dämmerung. Ist sie unser Element, diese Dämmerung?«
　　Hölderlin[79]

»(…) Nicht anders als es ein Reisender macht, der sich vorsetzt, zu einer bestimmten Stunde aufzuwachen und sich dann ruhig dem Schlafe überlässt: so ergeben wir Philosophen, gesetzt, dass wir krank werden, uns zeitweilig mit Leib und Seele der Krankheit – wir machen gleichsam vor uns die Augen zu. Und wie Jener weiß, dass irgend Etwas nicht schläft, irgend Etwas die Stunden abzählt und ihn aufwecken wird, so wissen auch wir, dass der entscheidende Augenblick uns wach finden wird, – dass dann etwas hervorspringt und den Geist auf der Tat ertappt, ich meine auf der Schwäche oder Umkehr oder Ergebung oder Verhärtung oder Verdüsterung wie alle die krankhaften Zustände des Geistes heißen, welche in gesunden Tagen den Stolz des Geistes wider sich haben.«

Nietzsche[80]

NACH ABSTRICH VON RAUM UND ZEIT

Hölderlin, wo auch immer er jetzt sein mag, hat sich beizeiten abgesetzt von jeglicher Kritik, er ist unangefochten. Heidegger, dessen Ruhm nicht nachlässt und von manchen unbeirrt für zweifelhaft gehalten wird, ist das nicht vergönnt gewesen. An ihm haben sich nicht nur die moralisch Besserverdienenden gerieben, sondern auch bemühte Lustigmacher, die z. B. seinem, zugegeben: manchmal etwas hohl klingenden Sprachduktus nachstiegen, der in sich so bedacht und auch folgerichtig ist, dass Imitationen, die nah am Original kleben, sich wie von selbst einstellten. Als »Jargon der Eigentlichkeit« hat Heideggers philosophischer Antipode Adorno, der sich allerdings selbst auf die hohe Kunst, unverständlich zu schreiben, verstand, den Stil seines Kollegen bezeichnet, was dieser ungerührt zur Kenntnis nahm und unkommentiert ließ, wie Heidegger es überhaupt vorzog, von oben herab zu philosophieren und nicht in den Niederungen akademischer Personalpolitik mitzumischen. Es gab ja schon genug, was gegen ihn verwendet wurde. Naheliegend ist es auf jeden Fall gewesen, dass einer der erwähnten Lustigmacher die Jargonkünstler Adorno und Heidegger, die sich im wirklichen Leben nie begegnet sind, in einem sog. Dramolett zusammenführte: »Der Philosoph Theodor W. Adorno setzte sich einmal zu dem Philosophen Martin Heidegger an den Tisch. Dieses denkwürdige Ereignis, von dem wir erst kürzlich Kenntnis erhalten haben, fand im Restaurant *Strandmöwe* bei Dagebüll statt, in dem man an guten Tagen Meerblick hat, allerdings nur im ersten Stock und dort auch nur im Stehen. Da beide Herren einander nicht kannten, konnte es zu dem folgenden, durchaus freundlich gehaltenen Zwiegespräch kommen. Adorno (er hatte sich gerade einen Fischermen's Toast mit gemischtem Salat sowie ein großes Spezi bestellt): ›Ach ja! Wenn man bedenkt, daß das philosophische Denken – nach Abstrich von Raum und Zeit – weder Reste zum Gehalt hat noch generelle Befunde über Raumzeitliches ...‹ Heidegger (er wartete seit geraumer Zeit auf einen Hubertustopf mit Spätzle und ein Glas Bollschweiler Ölegarten): ›Sie sagen es! Dabei fragen wir uns doch immer wieder, ob das Dasein nur Gewesenes im Sinne des Dagewesenen ist – oder gewesen als Gegenwärtigendes-Zukünftiges, in der Zeitigung seiner Zeitlichkeit. (...)‹«[81]

Einen solchen Dialog zu montieren, ist leicht, weniger leicht, ihn zu lesen. Aufwand und Ertrag stehen in keiner Relation, das philosophische Sprechen, das hier vorgeführt wird, steht quer zu den gewöhnlichen Mustern der Verständigung. Wer sich an Heidegger reiben will, sollte sich nicht lustig machen; eher empfiehlt sich da schon die literarische Pauschalabfertigung: »Heideggers Methode bestand darin, fremde große Gedanken mit der größten Skrupellosigkeit zu eigenen kleinen Gedanken zu machen, so ist es doch, Heidegger hat alles Große so verkleinert, dass es *deutschmöglich* geworden ist, verstehen Sie, *deutschmöglich*.«[82]

Einmal hat sie sich doch noch unfreundlich gegen ihn benommen, es blieb allerdings unentdeckt und hat auch keine größeren Schäden hinterlassen, außer dass sie sich zwei, drei Vorwürfe machte, die aber schnell zu beruhigen waren und danach nicht mehr auffällig wurden.

Dennoch kam sie sich hartherzig vor. Damals. Obwohl sie ja im Recht war. Sie sah aus den Augenwinkeln, wie sehr er litt. Oder zu leiden vorgab. Wie ein geprügelter Hund schlich er durchs Haus, hob noch weniger als sonst seine Füße – was sie

ja ohnehin in gelinden Zorn versetzte. Dieses Schlurfen, das,
wie so vieles andere, mit seiner fehlenden Energie zu tun hatte.
Er kannte keine klaren Wege, keine festen Ziele, keine endgül-
tigen Entscheidungen mehr. Der größte aller noch lebenden
Philosophen war müde geworden, aber leider nur im Binnen-
verkehr; nach außen gab er sich unnachgiebig und wehrhaft
wie eh und je. Im Haus indes hatte sein Bewegungsdrang gänzlich nachgelassen, so daß er nicht mal mehr anständig gehen
konnte, nur noch schlurfte, eben, und selbst dabei Befürchtungen zu hegen schien, er könnte anecken. Was war nur in diesen
Mann gefahren, dachte Elfride Heidegger des öfteren. Hatte er
sich so verändert, oder hatte sie sich – so verändert, daß ihr
jetzt nur noch mißfiel, was ihr früher gefiel. Sie wußte es nicht;
sie wußte auch nicht, in manchen unguten Momenten, ob sie
ihn liebte oder haßte, oder ob er, fatalste aller Möglichkeiten,
ihr nur noch gleichgültig war. Wenn sie nach Erinnerungen
suchte, nach schönen Erinnerungen, die ihr Klarheit verschafft
hätten über den Stand ihrer Gefühle, wurde sie nicht recht
fündig. Zwar geriet ihr dann ein junger, vergleichsweise gutaussehender Mann vor Augen, der mit Charme und Geduld
um sie warb, aber dieser junge Mann verflüchtigte sich alsbald,
kaum daß sie ihn in Gedanken dingfest machen konnte; er
wurde zusehends älter, seine ohnehin nie überbordende Le-
bensfreude erwies sich als bloße Zerstreuungstaktik, der er
selbst nicht mehr über den Weg traute. Da stand er dann vor
ihr, der eben noch junge Mann, dem es, vor ihren Augen und in
Windeseile, gelang zu vergreisen, und dabei sagte er noch, höflich, aber bestimmt, ein paar unschöne Dinge zu ihr: Sie möge
sich, bitteschön, nicht so anstellen, schließlich könne ein Mann
doch wohl erwarten, daß seine Frau auf ihn eingehe und ihre
Existenz nach seiner Bestimmung ausrichte. Als wenn sie das
nicht immer getan hätte, sich nach ihm zu richten – was aber
offensichtlich nicht genügte: Sie sollte noch fröhlich sein, dabei,
und seinen wohlgesetzten Worten lauschen. Für bare Münze

sollte sie nehmen, was er ihr auftischte, all das Geraune, diese aus der Lichtung empfangenen Botschaften, mit denen, wenn man ehrlich war, und sie war gerade sehr ehrlich, keiner etwas anfangen konnte. Nach dem, was sie noch wünschte, am Ende ihres Lebens, fragte er nicht mehr. Das also sollte die Liebe sein, ein arg in die Länge gezogenes Spiel der Anpassung, bei dem es nur einen Gewinner gab. Und der erst junge, dann alte Mann, den sie in ihren Gedanken herbeizitierte, verschwand aus ihrem Bild, so wie es ihm anstand: schlurfend.

Elfride Heidegger erhob sich vom Sofa, müde und doch energisch genug, um noch immer wütend zu sein. In der Stille. Man hörte das Schlagen der Uhr. Ein leichter Wind ging ums Haus, mehr war nicht. Auf dem Sofa hatte sie gesessen, wartend. Es sollte etwas passieren, die Stille auflösen, einen neuen Zug in ihr Leben bringen, die Fenster aufreißen zu ihrer Seele, von der sie, manchmal, glaubte, sie sei schon abgestumpft vom Einerlei des Tages und der Nächte, in denen nur sein rasselnder Atem zu hören war, ihr eigenes Seufzen, das sie gar nicht mehr unterdrücken konnte, und manchmal wurde es noch feierlich dazu: dann läuteten die Glocken im nahen Kirchturm, und es war, als ob die gewöhnlichsten Geräusche des Menschen erhöht werden sollten zum erhabenen Klang. Auch an ihrer Seele hatte er sich schuldig gemacht; wenn sie tatsächlich abgestumpft war, wie sie annehmen mußte, dann lag das an ihm. Überhaupt lag alles an ihm, aber wer zog ihn zur Rechenschaft. Das Sein nicht, auch nicht das Seyn mit -y-, so ein Quark, und die hiesigen Verfolgungsbehörden, die allerdings überwiegend mit aufgeklärten Dummköpfen besetzt waren, hatten die Akte Heidegger erstmal bis auf weiteres geschlossen. So war sie also gefragt, sie mußte spät, sehr spät das tun, was ihr mit Blick auf den politischen Betrieb nie in den Sinn gekommen wäre, näm-lich in den Widerstand gehen – gegen ihn. Elfride Heidegger war, glaubte sie in diesem, ihr später schon wieder verwerflich vorkommenden Moment, nicht auf die Welt gekommen, um

*ihm Beifall zu spenden. Nein. Sie tat jetzt ein paar Schritte,
kaum hörbar. Neuerdings setzte sie wohl die Füße so vorsichtig
wie er, was noch nicht bedeutete, daß sie nun auch schlurfte.
Nein, soweit war es noch nicht gekommen, aber es erschien
ihr ärgerlich genug, daß sie sich selbst bei einer schleichenden
Anpassung ertappte; ja, sie schlich, schlich sich an sein Schlurfen heran, das immer deutlich zu hören war, ein Vorteil, denn
wo er sich nur selbst hören konnte, bekam er nicht mit, wie sie
ihm nachstieg; sie schlich hinter ihm her, gelegentlich, wenn er
den von Grund auf unruhigen Denker spielte und das Haus
durchmaß, Raum um Raum, und manchmal murmelte er dabei
vor sich hin, alter Mann, merkte es nicht, so wie er auch nicht
merkte, daß sie ihm folgte. Sie versuchte, einen gewissen Ab-
stand einzuhalten, nicht zu nahe heranzukommen an ihn, damit er nicht doch noch hörte, wie sie ihm nachstieg; schließlich
aber überwog die Neugier: Was murmelte er da vor sich hin,
alter Mann, und um das herauszufinden, mußte sie, wohl oder
übel, näher auflaufen zu ihm. Sie entwickelte eine Technik, die
seinen schlurfenden Gang, möglichst geräuschlos, imitierte; die
Füße setzte sie auf wie er, zum gleichen Zeitpunkt, so daß im
Grunde eigentlich nur seine Schritte zu hören waren, weil sie,
bestens angepaßt, keinen zusätzlichen Lärm verursachte. Sie
schlichen, konnte man sagen, im Gleichschritt hintereinander
her, er murmelnd vorweg und sie, übervorsichtig, ihm nach;
dabei durfte es keine Überraschungen geben, etwa einen plötz-
lichen Sinneswandel seinerseits, der ihn zu einer abrupten
Bremsbewegung veranlaßt hätte, von der sie so überrascht
wurde, daß sie ihm förmlich hinten aufgefahren wäre. Aber
dazu kam es nicht; der Mann hatte seine Gewohnheiten, und
die ließ er wohl, in diesem Leben, nicht mehr los. Bei ihrem
Bemühen, näher an ihn heranzukommen und sein Gemurmel
besser verstehen zu können, war sie zwar erfolgreich, aber
nicht glücklich: Sie hörte, was er brabbelte, mußte dies jedoch
sehr enttäuschend finden; keine geheimen Liebesworte waren*

es, die sie vernahm, auch keine abgründigen Flüche oder ver-
spätete Absichtserklärungen, sondern er sprach zu sich selbst
wie ein wirklicher, sehr in die Jahre gekommener Philosoph; er
rekapitulierte seine eigenen Werke, kommentierte und ergänzte sie, so als gäbe es tatsächlich nichts Wichtigeres auf
der Welt. Elfride Heidegger erinnerte sich, wie er, gestern oder
vorgestern noch, im Selbstgespräch davon geredet hatte, daß es
ihm um Gerechtigkeit gehe, die er allerdings nicht auf seine
Frau bezog, sondern auf die »Ausgestaltung des Künstlerischen«, was, wie sie sich zu erinnern meinte, ein Gedanken-
gang, den er bei Fontane entdeckt hatte. »Ich und er, wir beide
behandeln das Kleine mit derselben Liebe wie das Große«, hörte sie ihn sagen, »es macht ja keinen Unterschied, groß und
klein«, an dieser Stelle wurde er unverständlich, was auch damit zusammenhängen konnte, daß er aus dem Tritt kam, fast
unmerklich, wohl weil er mit dem einen pantoffelbewehrten
Fuß an einen Teppich geriet, der ihn störte – ein altes Erbstück
ihrer Mutter, das er schon immer zu düster fand, zu staub-
lastig und, vor allem, zu wellig; ja, der Teppich lag nicht mehr
glatt, sondern warf Wellen, was an sich kein Problem bedeutete, wenn man denn die Füße hob, wie sich das für ordentliche
Menschen gehörte, aber das tat er ja nicht, er schlurfte, und so
war er schon das eine oder andere Mal an diesem Teppich
hängengeblieben, geriet ins Straucheln, ohne daß es bislang,
Elfride Heidegger bedauerte dies, zu einem richtigen Sturz gelangt hätte. Er war also, gestern oder vorgestern, ins Unver-
ständliche verfallen, weil er am Teppich vor sich hin fluchte,
nicht laut, eher dezent, ihr Mann, der größte, gerade noch so
lebende Philosoph war ja kein Grobian, das mußte sie zugeben,
und dann setzte er seinen Weg fort, zögerlich, brabbelnd, und
seine Frau, die gewartet hatte, nahm die Verfolgung wieder
auf. »Den Unterschied zwischen klein und groß lassen wir
nicht recht gelten«, hörte sie ihn sagen, und dazu nickte er, so
als müsse er sich selbst noch die Zustimmung erteilen, »nicht

117

recht gelten, aber treffen wir dann wirklich mal auf Großes, wo gibt's das schon, dann sind wir ganz kurz. Das Große spricht für sich selbst, es bedarf keiner künstlerischen und auch keiner philosophischen Behandlung, um zu wirken. Und was die Leidenschaft angeht, welche die meisten ja für so notwendig halten: Auf seinem und meinem Lebensweg ist uns, leider oder Gott sei Dank, wie man's denn nehmen will, gar nichts vorgekommen, was unter der Rubrik ›Leidenschaft‹ unterzubringen gewesen wäre, auch nicht in der –‚« Hier verfiel er wieder in ein undefinierbares Nuscheln, und Elfride ärgerte sich: Sie glaubte nämlich noch das Wort Liebe verstanden zu haben und danach Ehe; es hätte also spannend werden können, aber ausgerechnet jetzt sprach er wieder wie ein absolut hinfälliger Greis, dem man, zu allem Überfluß, auch noch das Gebiß entwendet hatte. Ja, richtig wütend war sie geworden, Elfride Heidegger, und ein Gedanke kam ihr in den Sinn, der nicht sehr menschenfreundlich war ...

Sie hatte jetzt, ohne es eigentlich zu merken, fast alle Wohnräume durchmessen, lautlosen Schrittes; ihr Mann war nicht zu sehen. Wahrscheinlich schlief er, lag auf der Chaiselongue. Sie lauschte an der Tür seines Arbeitszimmers und glaubte, leichte Schnarchgeräusche zu vernehmen. Die nahe Kirchturmuhr schlug vier; wenn er denn schlief, würde er bald aufwachen – schließlich kannte sie seine Gewohnheiten. Zur Genüge. Sie ging zurück ins Wohnzimmer, noch immer auf leisen Sohlen, anders konnte sie wohl gar nicht mehr auftreten. Auch daran war er schuld, an dieser unguten Leisetreterei, die sie sich angewöhnt hatte. War sie nicht neulich erst beim Bäkker derart lautlos in den Laden gekommen, daß der ihr Kommen gar nicht bemerkte und sichtlich erschrak, als sie auf einmal vor ihm stand? Elfride Heidegger bückte sich. Sie zog den Teppich, der zwischen Klavier und Eckbank lag, hervor, befreite ihn von seiner Glätte. Jetzt war er uneben, dieser graubraune, ganz unscheinbare Teppich, den noch nie jemand be-

wundert hatte und über den auch noch nie jemand gestolpert
war; das würde sich ändern, denn unter ihren Händen ver-
formte sich das gute Stück und warf nun ebenfalls seine Wellen. Sie sah es, und auch er würde es sehen, aber dann war's,
hoffentlich, schon zu spät, und er fiel, wie er noch nie gefallen
war. Er kannte ja nur den einen Teppich, an dem er sich auf
seinen Rundgängen verfing; daß nun noch ein zweiter präpa-
riert worden war, konnte er nicht ahnen. Elfride Heidegger erschrak über die Genugtuung, die sie empfand – sie sah ihn bereits aus seinem Zimmer kommen, schlurfend, murmelnd, wie
gehabt, und dann kam er zu der Stelle, wo ihm etwas wider-
fuhr, was noch keiner seiner zahlreichen Gegner geschafft hatte, es haute ihn um. Nein, schuldig fühlte sie sich nicht, auch
nicht unschuldig, und hatte kein schlechtes Gewissen. Vorfreu-
de ist die schönste Freude, dachte sie noch, was ja nun, zugegeben, schon ein wenig dreist war, aber da hörte sie ihn auch
schon: Aufgewacht war er, der Alte, er tappte im Arbeits-
zimmer umher und würde gleich mit seinem Gang beginnen.
Elfride Heidegger ging hinter der geöffneten Wohnzimmertür
in Deckung; von hier aus hatte sie alles im Blick. Ein wohliger
Schauer lief ihr den Rücken hinunter; ja, manchmal konnte das
Leben noch schön sein, so schön, sogar noch – für sie.

»(...) Wenn auch das Menschenleben kurz ist, so kommt einem der Weg doch eigentlich lang vor und abwechslungs-
reich. Was hat nicht der einzelne alles erfahren und durchgemacht ... Wie hat sich die Welt verändert, wie sind die
Maßstäbe zu allem größer und andere geworden! Manche
Dunkelheiten haben sich aufgehellt, und manche Selbstver-
ständlichkeiten haben sich als Rätsel herausgestellt. Ich blei-
be zwar zeitlebens ... ein etwas komischer Mensch; ich bin ja
auch an einem Fastnachtsdienstag zur Welt gekommen und
wollte ... schon wieder abreisen, weshalb man mich mitten

im Alltag, am darauffolgenden Freitag, schleunigst zur Taufe in die Herz-Jesu-Kirche brachte, wo der damalige Vikar … sich meiner armen Seele erbarmte und mir die Taufe spendete … Dieses Überhoppte und Provisorische ist mir geblieben. Dazugekommen ist nur der Hang zum Nachdenken und ein fast urwüchsiger Instinkt für das Wesen alles Katholischen. Dieses Letztere befähigt mich, in den Regionen aller Religionen und der verschiedenartigsten Philosophien herumzubummeln, nicht ohne immer wieder neue Bestätigungen für die Wahrheiten meiner Sehnsucht zu gewinnen und einzuheimsen. Diese etwas merkwürdige Sicherheit ohne jede Starrheit und Enge ist auch meinem Bruder Martin schon oft aufgefallen. Ich habe es verlernt, Martin für ein absolutes Genie zu halten und lerne allmählich, das wirklich Große an ihm mit der natürlichen menschlichen Beschränkung und Einschränkung zu sehen. Aber ich möchte fast sagen: ich verbürge mich für ihn in der Ewigkeit; wer Martin nicht als in der Meßkircher Sakristei aufgewachsenen Mesnerbuben kennt, hat seine Philosophie nicht begriffen, wenn auch der äußere Anschein oft anders aussieht; ich glaube gerade bei Martin an das Walten der Vorsehung und an das Weben des Hl. Geistes in der beständigen Nähe des Abgrundes.«
Fritz Heidegger[83]

DER TIEFERE GRUND

»Wenn alles stille geworden ist um den Menschen, feierlich wie eine sternenklare Nacht, wenn die Seele in der ganzen Welt allein mit sich selbst ist, da tritt ihr nicht ein ausgezeichneter Mensch gegenüber, sondern die ewige Macht selbst; es ist, als ob der Himmel sich öffnete, und das Ich wählt sich selbst, oder vielmehr, es nimmt sich selbst in Empfang. (…) Der Mensch wird nicht ein anderer, als er zuvor war, aber er wird er selbst. Wie ein Erbe – und wäre er auch Erbe aller Schätze der Welt – doch nichts davon besitzt, solange er nicht mündig ist, solange ist selbst die reichste Persönlichkeit nichts, bevor sie sich selbst gewählt hat, während andererseits die ärmste Persönlichkeit alles ist, wenn sie sich selbst gewählt hat. Denn das Große ist nicht, dieser oder jener zu sein, sondern man selbst zu sein; und das kann jeder Mensch sein, wenn er will.«

Kierkegaard[84]

Für gewöhnlich ist es so, dass Dichter und Denker von sich aus auf Sendung gehen, sie sind erpicht darauf, etwas zustande zu bringen, das aus ihrem eigenen Wahlversprechen hervorgeht. Das fertige oder noch nicht ganz fertige Produkt erhält dann ein Originalitätssiegel, das zumindest vorzeigbar ist, gerne aber auch, und sei es auch nur von der internen Prüfstelle erteilt, als genial ausgelobt wird. Die Richtung, in der solche künstlerischen Prozesse verlaufen, ist klar: sie geht vom Künstler aus und führt, mit oder ohne Zwischenstopp auf den Landebahnen der Interpretation, zum Künst-

ler zurück, der sich, zu Recht, als Urheber begreift und we-
nigstens ein bisschen Anerkennung erwarten darf. Es gibt in
diesem hochsensiblen Bereich allerdings auch einen ganz anderen Weg, der beschritten werden kann; er ist weniger gut
ausgeschildert, verläuft oft im Ungefähren und erfordert
von denen, die ihn gehen, Geduld, Aufmerksamkeit und Demut. Man muß sich aufs Warten verstehen, aufs Zuhören,
das auch dann unverzichtbar ist, wenn sich lange, sehr lange
niemand zu Wort meldet. Die Kunst, die dahintersteht, ist
die Kunst des Vernehmens, sie inszeniert einen bescheiden
gedachten, aber in sich großangelegten Lauschangriff auf
das Unvordenkliche, den Ursprung der den Menschen über-
lassenen Zeit-, Welt- und Raum-Gabe, für die, letztlich, ein
»verantwortlicher Leiter« (Kierkegaard) gesucht wird, der
sich vom Anbeginn aller Tage, vermutlich aus gutem Grund,
bedeckt hält und den man, nach althergebrachter Vorstellung, Gott nennen kann, aber nicht Gott nennen muß. Der
Künstler, der an dieser Suchaktion teilnimmt, befindet sich
nicht in den Produktionshallen, die bei Bedarf sogar dem
Publikumsverkehr zugänglich gemacht werden, sondern
sitzt, betont bescheiden, im Empfangshäuschen, das durch-
gehend geöffnet bleibt, selbst wenn schon länger niemand
von Rang mehr empfangen wurde. Der Dichter Rilke folgte
dem daraus abzuleitenden Erkenntnismodell, das dem Ich,
gerade weil es ihm viel abverlangt, erst einmal wenig zu-
traut; er war, so seine Selbstauskunft, »begierig auf die Stimmen, die da kommen sollen«. Hölderlin ist ihm da voraus-
gegangen, er war ein »Vernehmender«, wie sein Bruder im
Geiste Heidegger wiederholt feststellte.[85]

Wer sich zu sehr mit Hölderlins Biographie aufhält,
könnte sagen: Nicht alles, was Hölderlin vernommen hat,
ist ihm bekommen, und auch aus Heideggers Wartestand
auf der *Lichtung* lassen sich keine Erkenntnisse beziehen,
die sich für den Geschäftsbetrieb der Nachdenklichen als un-

verzichtbar erwiesen hätten. Das Warten geht weiter, auf
der Lichtung und anderswo. Womöglich ist es ja auch so,
dass der Zuspruch, den man zu vernehmen hofft, gar nicht
aus dem Umkreis heraus kann, in den er erst einfallen soll:
Wir müssen wissen, zumindest aber ahnen, was die Botschaft sein könnte, die an uns ergeht. Nur so nämlich kann
sie uns zukommen und (wieder)erkannt werden. Das ist,
wenn man so will, der »Kreisgang des Denkens«, von dem
Hölderlins Freund Hegel sprach; auch unsere Erwartungen
und Hoffnungen und die Bilder der Sehnsucht, von denen
wir nicht lassen mögen, sind darin eingegeben.

Eine Erinnerung, nur eine, dann war's das wohl. In diesem Le-
ben. Weg vom Meer, von Kälte und Schlick und windscharfem
Gras. Zurück in südlichere Gefilde, in die Heimat, zurück zu
sanft aufgeschwungenen Bergen, zu Wäldern und in Lichtun-
gen, auf denen man manchmal dachte, man bekäme was einge-
flüstert, aber dann kam nichts, und es war dennoch schön. Tat-
sächlich leuchteten die Wälder, jetzt, das sah er, unbewegt, von
seiner Bettstatt aus; ein Glanz hatte sich erhoben, einschmei-
chelndes Licht, das zwischen den Baumstämmen zu verharren
schien, Wind ging dazu, der ihn, wohlmeinend, an das erinner-
te, was er sich, hier unten im Tale, zurechtgelegt hatte. War das
nicht eine fast feierliche Stimmung, die man sogar mit Tränen
begrüßen durfte, Tränen der Einsichten und der Gewißheit,
eine erhebende Stimmung, schon ging's ihm besser; das Ver-
gangene blieb ja, blieb gegenwärtig, und die Zukunftsmusik,
sie wurde wieder und wieder gespielt, ein nicht totzukriegen-
des Rührstück, an dem so viele Herzen hingen; er lachte, mußte
lachen, auch wenn das seinem Magen mißfiel – in der Schön-
heit dieser Nacht. Es war still, nur der Wind rauschte, und über
dem gewöhnlichen Himmel, der nun aufgerissen war, tat sich
ein zweiter Himmel auf, sternenübersät, ein wahrhaftiges Fir-

mament, mächtig aufgedonnert, so daß man die schlechte
Ewigkeit, bis auf weiteres, vergessen konnte und sich stattdes-
sen eine solide, eine grundsolide Ewigkeit vorstellte. Flieh-
kraft, eine kosmische oder eher komische Reise, das Univer-
sum, so nannte man es wohl, war ja, wie es inzwischen hieß,
ewig auf Trab, öde Vorstellung eigentlich, eine zersplitterte
und doch unglücklich zusammengehaltene Welt, die sich ständig dehnte und streckte, eine schlecht ausgeschlafene Schöpfung demnach, und wo war der verschlafene Schöpfer; er lachte, der Schöpfer, erhob sich vom Bett, vorzüglich ging's ihm
wieder, dem Schöpfer, danke der vereinzelten Nachfrage; er
verließ den Raum, bekleidet nur für diese eine Nacht, das
reichte; die Treppe ging er hinunter, öffnete die Tür, und unten,
jetzt unten vor dem einen irdischen Gästehaus, büßte der Himmel bereits etwas von seiner Großartigkeit ein, desgleichen der
Glanz, der nun eher zum Abglanz wurde, egal; hoch war er
noch immer, der Himmel, ein rauschendes, quergelegtes Un-
endlichkeitssegel, in welches der Wind sich mit einbegeben
hatte, so daß immerhin jene Einheitlichkeit verbürgt schien,
an der die Wahrnehmungen auf jeden Firlefanz verzichten
konnten; keine Objektivität mehr, keine Subjektivität, wie gehabt, wie gesehen, auf dem Dach der hiesigen Ruinen etwa
hatte er's gefühlt, aber eine solche in sich geschlossene Gewißheit ließ sich ja nicht halten, er mußte das wissen; was zusam-
mengehörte, brach auseinander, immer wieder und wieder, so
wollte es die Erkenntnismaschine, und er ging unter seinem
Himmel einher, der über ihn hinwegzog, Unruhe-Geist, dort
oben, uralter Maschinist, längst überfordert mit dem an ihn
gerichteten Ansinnen, in den Ruhestand zu treten oder aber,
gefälligst, sich zu offenbaren.

Er kam an einem Schwimmbassin vorbei, dessen Wasser
vom Wind aufgerauht war; natürlich wäre er jetzt gerne hin-
eingesprungen, aber das konnte er auch noch auf dem Rück-
weg tun; es sollte ja kein langer und schon gar kein starker

Marsch werden, den er ablieferte, eher ein Spaziergang, ver-
stohlen, nach renitenter Dichter- und Rentnerart, eine letzte
oder vorletzte Verabschiedung. Eine wunderbare Nacht war
dies, eine Nacht zum Sterben; wer durfte sich glücklich schät-
zen in dieser Nacht, wer starb, eine alte Frau etwa, ein Greis,
dazu ein paar Kinder, allesamt beweint von den Hinterbliebe-
nen, die sich nicht trösten lassen wollten, was nur bewies, daß
sie Dummköpfe waren; am Leben hing, wer das Sterben noch
nicht kannte, und er, er kannte es längst. Um die alte Frau tat
es ihm leid, in dieser Nacht; fast konnte man meinen, daß er sie
kannte, eine Vertraute aus versunkenen schönen Tagen; ihr Gesicht war ihm, für Augenblicke, merkwürdig gewärtig, ein lie-
bes altes Gesicht, in dem die Augen ständig zufielen, so als
würde dort, in diesem Gesicht, ein letzter Kampf gegen die Müdigkeit geführt, mit welcher der Tod durch die Lande zog; sie
ging ihm zur Hand, Müdigkeit, unverzichtbare Gefährtin, täglich bereitete sie seine Geschäfte vor, schöne Person, noch immer, wenn auch schon deutlich angejahrt; verführerisch war
sie, die Müdigkeit, wo er, der stets grau in grau gekleidete Herr
Tod, sich unangenehm schroff gab, verführerisch, mußte wohl
sein so, und die alte Frau, die ihn, er sah sie ja noch, an eine
Jahrhunderte zurückliegende Kindheit erinnerte, starb; ihre
Zeit war gekommen. Er kehrte um; verfehlte, vielleicht auch
verlorene Stimmung, sein Gespür. Immerhin tat der Himmel
ein übriges, er gab nach, noch in dieser, nicht mehr so ganz
feierlichen Nacht gab er nach, machte sich flach, vor der eigenen Größe flach; kannte man schon, und das Rauschen des
Winds wurde zum zögernden, fast lachhaften Wimmern. Er
nahm das als Zeichen; durch die rauschende Nacht also zurück
auf sein Lager, die Angelegenheit war geregelt, ein Fall für den
himmlischen Beistandsdienst. Der kam dann auch, war aber
nicht himmlisch, sondern irdisch, ja noch schlimmer: aka-
demisch, und ein seltsam vierschrötiger Mann, der fast genau-
so breit wie hoch war, eine seltsame Schwarzwälder Tracht

trug und ihm bekannt vorkam wie einer, der einem schon län-
ger nachgestiegen ist, obwohl man ihn erst später, viel später
kennenlernen muß, was dann keine reine Freude mehr ist,
beugte sich zu ihm herab. »Die Vorteile, tot zu sein, Herr Höl-
derlin«, flüsterte der Mann, »sie sind beträchtlich. Ich selbst
habe das leider erst etwas spät festgestellt und konnte daraus
keinen Nutzen mehr ziehen. Keiner kümmert sich mehr um
uns, wenn wir tot sind, keiner, wobei Angehörige und ehren-
haft Trauernde nicht zählen. Es ist ganz einfach und läßt sich,
mit ein bißchen Übung, schon zu Lebzeiten bewerkstelligen:
Sich wegdenken aus der Menschheit, die Begehrungen aller
Art verlernen – und den letzten Rest Kraft auf das Zuschauen
verwenden! Ein herrlicher Friedfertiger werden Sie sein, Herr
Hölderlin, auf immer und ewig, nichts entgeht Ihnen, wie auch
mir, der ich mich Ihnen, ohne daß Sie es merkten, ungefragt
angeschlossen habe, nichts mehr entgeht; denken Sie nur; Herr
Hölderlin, Sie und ich, die wir, vorwiegend auf mein Betreiben,
zusammengefunden haben, wir sind die unsichtbaren Zu-
schauer.«

Wenn aber, trotz versierter Achtsamkeit, eines Tages nichts
mehr zu vernehmen ist, jedenfalls nichts Großes, Bleibendes
und Bedeutendes, muß uns das, die wir dann womöglich
noch mitten im Leben stehen, nicht schrecken. Im Gegenteil:
Die Beschwernisse fallen ab, vor allem die des Kopfes, wir
stehen in der Helle. Aber auch dieser Glanz verfliegt, sogar
das Einleuchtende trägt ein Verfallsdatum. Die Botschaft,
die uns zugemutet wird, ist schlicht: Der Mensch hat keine
Überflugrechte, man zwingt ihn lieber zur Landung. Von der
Gewißheit a. D. bleibt eine Ahnung, immerhin; auf die kann
man bauen, auch wenn das Wissen ans Vergessen gerät.
Ansonsten ist Alltag, der sich manchmal in ein wundersames
Licht kleiden läßt, nichts Ernstes, nichts Haltbares, nur

etwas zum Staunen und zur seligen Ermüdung. Es gibt jede Menge letzter Worte, aber des Rätsels Lösung gibt es nicht. Gut so: Seltsam leicht fühlen wir uns, in dem einen *bedachten* Augenblick; unterwegs sind wir und schon angekommen. Selbsterkenntnis wird nicht mehr gefordert, auch nicht Selbstfindung. Das Glück hängt nicht am Ich.

Anmerkungen

[1] Hölderlin, Sämtliche Werke. Stuttgarter Ausgabe. Hg. v. Friedrich Beißner und Adolf Beck. Stuttgart 1943–1985, Bd. 3, S. 183 f.

[2] Hegel, Sämtliche Werke (Jubiläumsausgabe) in 20 Bänden. Hg. v. Hermann Glockner. Frommann-Holzboog Verlag, Stuttgart 1957 ff., Bd. 2, S. 27

[3] Hölderlin, Werke und Briefe in 2 Bänden. Hg. v. Friedrich Beißner und Jochen Schmidt. Insel Verlag, Frankfurt a. M. 1969, Bd. 1, S. 102

[4] Zitiert nach: Gunter Martens, Friedrich Hölderlin. Rowohlt Verlag, Reinbek 1996, S. 122 f.

[5] Hölderlin, Werke, a. a. O., Bd. 1, S. 117 f.

[6] Heidegger, Erläuterungen zu Hölderlins Dichtung. Vittorio Klostermann Verlag, Frankfurt a. M. 1996, S. 33 f.

[7] Heidegger, Zur Sache des Denkens. Niemeyer Verlag, Tübingen 1976, S. 73 ff.

[8] Hannah Arendt, Martin Heidegger ist 80 Jahre alt, in: Antwort. Martin Heidegger im Gespräch. Hg. v. Günter Neske u. Emil Kettering. Neske Verlag, Pfullingen 1988, S. 235 f.

[9] Heidegger, Holzwege. Vittorio Klostermann Verlag, Frankfurt a. M. 1972, S. 3

[10] Hölderlin, Sämtliche Werke, a. a. O., Bd. 4, S. 246

[11] Briefe von und an Hölderlin. Herausgegeben und ausgewählt von Peter Härtling. Kiepenheuer & Witsch, Köln 1994, S. 314 f.

[12] Hölderlin, Briefe, a. a. O., S. 331 f.

[13] a. a. O., S. 321

[14] ebd., S. 240

[15] ebd., S. 258

[16] ebd., S. 176

[17] ebd., S. 166 f.

[18] Hölderlin, Briefe, a. a. O., S. 187

[19] a. a. O., S. 240 f.

[20] George Steiner, Martin Heidegger. Carl Hanser Verlag, München 1989, S. 224

[21] Heidegger, Die Selbstbehauptung der deutschen Universität. Hg. v. Hermann Heidegger. Vittorio Klostermann Verlag, Frankfurt a. M. 1990, S. 22 f.

[22] Heidegger, Denkerfahrungen. Vittorio Klostermann Verlag, Frankfurt a. M. 1983, S. 9

[23] a. a. O., S. 10

[24] ebd., S. 10 f.

[25] ebd., S. 37 ff.

[26] ebd., S. 39

[27] ebd., S. 40

[28] Zitiert nach: Steiner, Heidegger, a. a. O., S. 72 ff.

[29] Heidegger, Zur Sache des Denkens. Niemeyer Verlag, Tübingen 1976, S. 72 f.

[30] Steiner, Heidegger, a. a. O., S. 74 f.

[31] Heidegger, Gelassenheit, in: Martin Heidegger zum 80. Geburtstag von seiner Heimatstadt Meßkirch. Vittorio Klostermann Verlag, Frankfurt a. M. 1969, S. 23 ff.

[32] a. a. O., S. 38 f.

[33] ebd., S. 42 f.

[34] ebd., S. 42 f.

[35] ebd., S. 29 f.

[36] Hölderlin, Werke, a. a. O., Bd. 1, S. 433 ff.

[37] a. a. O., S. 435 f.

[38] Zitiert nach: Rüdiger Safranski, Ein Meister aus Deutschland. Heidegger und seine Zeit. Carl Hanser Verlag, München 1994, S. 331 ff.

[39] Hölderlin, Werke, a. a. O., Bd. 1, S. 441 ff.

[40] Hölderlin, Briefe, a. a. O., S. 382 f.

[41] a. a. O., S. 388 ff.

[42] Rilke, Sämtliche Werke in 12 Bänden. Insel Verlag, Frankfurt a. M. 1976, Bd. 3, S. 93 f.

[43] Zitiert nach: Martens, Hölderlin, a. a. O., S. 103

[44] Hannah Arendt, in: Antwort. Martin Heidegger im Gespräch, a. a. O., S. 238 f.

[45] Heidegger, Erläuterungen, a. a. O., S. 33

[46] a. a. O., S. 34 f.

[47] ebd., S. 37

[48] ebd., S. 38

[49] ebd., S. 39 f.

[50] ebd., S. 40

[51] ebd., S. 41

[52] ebd., S. 42

[53] ebd., S. 45

[54] Heidegger, Denkerfahrungen, a.a.O., S. 161

[55] Heidegger, Erläuterungen, a.a.O. S. 47 f.

[56] Peter Härtling, Hölderlin. Büchergilde Gutenberg, Frankfurt a.M. 1978, S. 526 f.

[57] Zitiert nach: Martens, Hölderlin, a.a.O., S. 132

[58] Hölderlin, Werke, a.a.O., Bd. 1, S. 271

[59] Aristoteles, Metaphysik II, 1. Zitiert nach: Heidegger, Was heißt Denken?, a.a.O., S. 72

[60] Heidegger, Das Spiegel-Interview, in: Antwort, a.a.O., S. 106

[61] Heidegger, Was heißt Denken? Reclam Verlag, Stuttgart 1992, S. 10 ff.

[62] a.a.O., S. 14

[63] Hölderlin, Werke, a.a.O., Bd. 1, S. 199 f.

[64] Rilke, Sämtliche Werke, a.a.O., Bd. 3, S. 187

[65] Heidegger, Was heißt Denken?, a.a.O., S. 9 f.

[66] Hölderlin, Werke, a.a.O., Bd. 1, S. 423 f.

[67] Hölderlin, Briefe, a.a.O., S. 401

[68] Martin Walser, Ein springender Brunnen. Suhrkamp Verlag, Frankfurt a.M. 2000, S. 9

[69] Hölderlin, Sämtliche Werke, a.a.O., Bd. 1, S. 19

[70] Hölderlin, Briefe, a.a.O., S. 78

[71] Hölderlin, Hyperion, Werke, a.a.O., Bd. 1, S. 411

[72] ebd., S. 440 f.

[73] ebd., S. 298 f.

[74] Hölderlin, Werke, a.a.O., Bd. 1, S. 40 f.

[75] Augustinus, Bekenntnisse. Deutscher Taschenbuch Verlag, München 1982, S. 258

[76] Friedrich Nietzsche, Zur Genealogie der Moral, in: Sämtliche Werke. Kritische Studienausgabe in 15 Bde. Hg. v. Giorgio Colli und Mazzino Montinari. Deutscher Taschenbuch Verlag, München 1988 ff., Bd. 5, S. 291

[77] Vgl. dazu u.a.: Jürgen Kaube, Die Endschlacht der planetarischen Verbrecherbanden, in: Frankfurter Allgemeine Zeitung, Nr. 61 (13. März 2014), S. 16

[78] Wilhelm Waiblinger, Friedrich Hölderlins Leben, Dichtung und Wahnsinn, zitiert nach: Hölderlin, Dokumente seines Lebens. Hg. v. Hermann Hesse und Karl Isenberg, Insel Verlag, Frankfurt a.M. 1976, S. 235 ff. – Vgl. dazu auch: Sabine Doering / Klaus Dörner / Gerhard Fichtner, Aus der Klinik ins Haus am Neckar. Der Fall Hölderlin. Verlag Klöpfer und Meyer, Tübingen 2013

[79] Zitiert nach: Pierre Bertaux, Friedrich Hölderlin. Suhrkamp Verlag, Frankfurt a. M. 1981, S. 679 f.

[80] Friedrich Nietzsche, Die fröhliche Wissenschaft, in: Sämtliche Werke, a. a. O., Bd. 3, S. 347 f.

[81] Otto A. Böhmer, Holzwege. Ein Philosophen-Kabinett. Elster Verlag, Baden-Baden 1991, S. 199 ff.

[82] Thomas Bernhard, Alte Meister. Suhrkamp Verlag, Frankfurt a. M. 1988, S. 90

[83] Hans Dieter Zimmermann, Martin und Fritz Heidegger. Philosophie und Fastnacht. C. H. Beck Verlag, München 2005, S. 162 f.

[84] Sören Kierkegaard, Die Tagebücher 1834–1855. Ausgewählt und übertragen von Theodor Haecker. Hegner Verlag, Müchen 1949, S. 393; 428 ff.

[85] Anja Solbach, Seinsverstehen und Mythos. Untersuchungen zur Dichtung des späten Hölderlin und zu Heideggers Deutung. Karl Alber Verlag, Freiburg / München 2008, S. 120 ff.; 268 ff.

Ausgewählte Bibliographie

Das vorliegende Buch hat manche Anregung erfahren, darunter auch solche, die sich in früheren Arbeiten des Verfassers finden *(Holzwege, 1991; Der Hammer des Herrn, 1994; Sternstunden der Philosophie, 1994 ff.; Das verborgene Heimweh, 2004; Der Zuwender, 2006; Reif für die Ewigkeit, 2013).*

Hannah Arendt, Martin Heidegger ist 80 Jahre alt, in: Antwort. Martin Heidegger im Gespräch. Hg. v. Günter Neske u. Emil Kettering. Neske Verlag, Pfullingen 1988

Augustinus, Bekenntnisse. Deutscher Taschenbuch Verlag, München 1982

Thomas Bernhard, Alte Meister. Suhrkamp Verlag, Frankfurt a. M. 1988

Pierre Bertaux, Friedrich Hölderlin. Suhrkamp Verlag, Frankfurt a. M. 1981

David Constantine, Friedrich Hölderlin. Verlag C. H. Beck, München 1992

Sabine Doering / Klaus Dörner / Gerhard Fichtner, Aus der Klinik ins Haus am Neckar. Der Fall Hölderlin. Verlag Klöpfer und Meyer, Tübingen 2013

Manfred Geier, Martin Heidegger. Rowohlt Verlag, Reinbek 2005

Peter Härtling, Hölderlin. Büchergilde Gutenberg, Frankfurt a. M. 1978

Georg Wilhelm Friedrich Hegel, Sämtliche Werke (Jubiläumsausgabe) in 20 Bänden. Hg. v. Hermann Glockner. Frommann-Holzboog Verlag, Stuttgart 1957 ff.

Martin Heidegger, Der Ursprung des Kunstwerks, Reclam Verlag, Stuttgart 1960

Martin Heidegger, Gelassenheit, in: Martin Heidegger zum 80. Geburtstag von seiner Heimatstadt Meßkirch. Vittorio Klostermann Verlag, Frankfurt a. M. 1969

Martin Heidegger, Holzwege. Vittorio Klostermann Verlag, Frankfurt a. M. 1972

Martin Heidegger, Zur Sache des Denkens. Niemeyer Verlag, Tübingen 1976

Martin Heidegger, Denkerfahrungen. Vittorio Klostermann Verlag, Frankfurt a. M. 1983

Martin Heidegger, Die Selbstbehauptung der deutschen Universität. Hg. v. Hermann Heidegger. Vittorio Klostermann Verlag, Frankfurt a. M. 1990

Martin Heidegger, Erläuterungen zu Hölderlins Dichtung. Vittorio Klostermann Verlag, Frankfurt a. M. 1996

Marion Heinz / Sidonie Kellerer: Martin Heideggers »Schwarze Hefte«. Eine philosophisch-politische Debatte. Suhrkamp Verlag, Berlin 2016

Dieter Henrich, Der Grund im Bewußtsein. Untersuchungen zu Hölderlins Denken (1794–1795). Klett-Cotta, Stuttgart 1992

Friedrich Hölderlin, Sämtliche Werke. Stuttgarter Ausgabe. Hg. v. Friedrich Beißner und Adolf Beck. Stuttgart 1943–1985

Friedrich Hölderlin, Werke und Briefe in 2 Bänden. Hg. v. Friedrich Beißner und Jochen Schmidt. Insel Verlag, Frankfurt a. M. 1969

Friedrich Hölderlin, Dokumente seines Lebens. Hg. v. Hermann Hesse und Karl Isenberg, Insel Verlag, Frankfurt a. M. 1976

Friedrich Hölderlin, Briefe von und an Hölderlin. Herausgegeben und ausgewählt von Peter Härtling. Kiepenheuer & Witsch, Köln 1994

Sören Kierkegaard, Die Tagebücher 1834–1855. Ausgewählt und übertragen von Theodor Haecker. Hegner Verlag, München 1949

Gunter Martens, Friedrich Hölderlin. Rowohlt Verlag, Reinbek 1996

Vladimir Nabokov, Erinnerung, sprich. Deutsch von Dieter E. Zimmer. Rowohlt Verlag, Reinbek 1995

Friedrich Nietzsche, Sämtliche Werke. Kritische Studienausgabe in 15 Bde. Hg. v. Giorgio Colli und Mazzino Montinari. Deutscher Taschenbuch Verlag, München 1988 ff.

Rainer Maria Rilke, Sämtliche Werke in 12 Bänden. Insel Verlag, Frankfurt a. M. 1976

Rüdiger Safranski, Ein Meister aus Deutschland. Heidegger und seine Zeit. Carl Hanser Verlag, München 1994

Anja Solbach, Seinsverstehen und Mythos. Untersuchungen zur Dichtung des späten Hölderlin und zu Heideggers Deutung. Verlag Karl Alber, Freiburg / München 2008

George Steiner, Martin Heidegger. Carl Hanser Verlag, München 1989

Peter Trawny, Heidegger und Hölderlin oder Der Europäische Morgen. Verlag Königshausen und Neumann, Würzburg 2009

Peter Trawny, Adyton: Heideggers esoterische Philosophie. Verlag Matthes und Seitz, Berlin 2010

Wilhelm Waiblinger, Friedrich Hölderlins Leben, Dichtung und Wahnsinn. Verlag Klöpfer und Meyer, Tübingen 2011

Martin Walser, Ein springender Brunnen. Suhrkamp Verlag, Frankfurt a. M. 2000

Hans Dieter Zimmermann, Martin und Fritz Heidegger. Philosophie und Fastnacht. C. H. Beck Verlag, München 2005

Otfried Höffe

Nachwort

Man muß schon ein Geistesverwandter sein, ein wahrhaft philosophischer Schriftsteller und sprachlich begabter Philosoph, um einfühlsam über das Zusammentreffen eines Philosophen mit einem Dichter schreiben zu können. Denn zusätzlich zu dem, was sich von selbst versteht, den erforderlichen Kenntnissen der beiden Personen, dem Dichter Friedrich Hölderlin und dem Denker Martin Heidegger, braucht es die sowohl pointierende als auch ironisch distanzierte Feder eines Otto A. Böhmer. Dieser bewundernswert produktive Rundfunkautor und Literaturkritiker, der Essayist, Romanschriftsteller und Autor ebenso belehrender wie vergnüglich zu lesender Künstler- und Philosophenbiographien ist nämlich einer der höchst seltenen Autoren, die philosophische und literarische Bildung miteinander verbinden, trotzdem ihre Gelehrsamkeit im Hintergrund lassen, um, ohne den begriffsscharfen Blick des Philosophen aufzugeben, lieber eine elegante Sprache samt Wortwitz zu praktizieren.

Wie schon in den Portraits über Johann Wolfgang Goethe, Friedrich Schiller, Heinrich Heine und Friedrich Nietzsche, wie in der humoristisch-burlesken Erzählung »Hegel & Hegel oder Der Geist des Weines« (2011) und dem Portrait von Sören Kierkegaard unter dem sprechenden Titel »Reif für die Ewigkeit« ist es dem Autor erneut gelungen, eine geistige Konstellation zum Sprechen, mehr noch: sogar zum Funkeln zu bringen.

Ob Erzählung oder Essay – ein guter literarischer Text weckt beim Leser Sympathien für die Hauptpersonen. Bei Hölderlin fällt es leicht, bei Heidegger hingegen schwer. Er ist nämlich, wie Böhmer zu Beginn seines neuen Werkes einräumt, »einer der Umstrittenen hierzulande«, da er »seinem Jahrhundert einige nachhaltige Irritationen bescherte«. Ohne dies zu verharmlosen, sollte man es nicht zum Anlaß nehmen, die einschlägigen Schriften auf einen Index verbotener Bücher zu setzen. Man überläßt dann nämlich die Interpretation dem Ausland, den Franzosen und Italienern, den Chinesen, Japanern und Nordamerikanern, die zudem häufig zur affirmativen Paraphrase und Kommentierung neigen. In eine Darstellung Heideggers spöttische Szenen einzublenden, ist freilich, wie es Böhmer auch praktiziert, nicht bloß erlaubt, sondern sogar willkommen.

In diesem Buch treffen zwei Prototypen deutschen Geistes aufeinander. Durch ihre Herkunft, Schwaben, sind sie sowohl verbunden als auch getrennt. Friedrich Hölderlin, der Dichter, stammt aus dem protestantischen Teil, Tübingen, Martin Heidegger, der Denker, aus dem katholischen Oberschwaben, von dessen katholischer Seite er sich allerdings später lossagt, während er die Treue zu dieser geographischen Heimat in sein philosophisches Werk aufnimmt.

Über beide Autoren ist schon unendlich viel geschrieben worden, selbst Heideggers Hölderlin-Interpretationen haben viele Kommentatoren gefunden. Wer sich noch einmal auf dieses Thema einläßt, braucht daher einen neuen Blick und eine unverbrauchte, zugleich unverwechselbare Sprache, einen eigenen Ton, der weit entfernt von dem »Packpapierstil« ist, den Heine nicht ganz zu Recht Kant vorwirft, denn der Königsberger Kosmopolit schreibt eher ein durchaus elegantes, allerdings ciceronisches Deutsch.

Böhmer erfüllt ohne Zweifel die genannten Bedingungen. Kenntnisreich, zugleich liebevoll, zeichnet er in prägnanten Worten und Bildern Hölderlins Jugend, in der der Dichter Feste »zu Ehren der Götter« feierte, aber auch die spätere Umnachtung, in der nur manchmal »noch Erkenntnisblitze in sein herabgestimmtes Bewußtsein« fahren. Mit hintergründigem Humor läßt unser Autor die »Bruderschaft im Geiste« lebendig werden, die der fraglos umstrittene, gleichwohl oder sogar deshalb weltweit bekannte Heidegger sich geschaffen hat. Zu Recht sieht Böhmer Heideggers Motiv, zugleich den rechtfertigenden Grund zur »Bruderschaft im Geiste«, in Hölderlins Besonderheit: »kein artifizieller Themenschöpfer« gewesen zu sein, »sondern Kunde« zu geben »vom Göttlichen, Ewigen, Einen, das nur zu denen spricht, die in der Lage sind zu hören«. Bekanntlich empfand sich Heidegger selber als einer dieser »Auserwählten«, die, jetzt freilich nicht auf poetische, sondern denkende Weise, über eine dem gewöhnlichen Menschen, selbst dem »Berufsphilosophen« fremde »Hellsichtigkeit« verfügen, bei ihm für »die ursprüngliche Offenbarkeit des Seienden«.

In seinem neuen Werk wechselt Böhmer von sachlich hochverdichteten poetischen Skizzen zur eher traditionellen Biographie, bei der man Daten und Stadien beider Lebenswege erfährt. Daneben, aber nicht nebenbei gibt es prägnante Zitate und überzeugende Skizzen zu Hölderlins dichterischem und Heideggers denkerischem Werk. Und zwischendurch erscheinen Einsichten von aphoristischer Zuspitzung und Klarheit, von der für diese Gattung charakteristischen Bosheit nicht frei. Zum Beispiel vertritt Böhmer die These vom »modernen Souverän einer alles überwuchernden Kritik«. Von einem Höhepunkt der abendländischen Philosophie, dem Deutschen Idealismus, stellt er fest, »vor dem Hintergrund realpolitischer Stagnation, auf listige Weise fremdverschuldet« gewesen zu sein. Und Fichte nennt er einen »Türsteher, der seine Einlaßkontrolle so rigoros handhabt, daß er am Ende allein dasteht«.

Wer Hölderlin nach seiner Schulzeit nicht mehr und Heidegger wegen seiner politischen Verstrickungen nie gelesen hat, wird von Böhmer auf sanft unwiderstehliche Weise

zur Lektüre gedrängt. Bei Heidegger, nach dem Großen nord-
amerikanischen Komparatisten George Steiner »der große
Meister des Staunens«, könne man beispielsweise eine Gelassenheit lernen, »die uns mittlerweile schwerer ankommen
mag als die tägliche Angst«. Selbst Philosophen und Lite-
raturwissenschaftler dürften hier noch einige sie über-
raschende Einsichten finden. Und jeder Leser wird mit einem
intellektuellen und sprachlichen Vergnügen belohnt, das die
Klage über den Niedergang der deutschen Sprache, die in
vielen Texten nicht unberechtigt ist, hier augen- und ohren-
fällig widerlegt.